本著作获西安财经大学学术著作出版资助
陕西省教育厅哲学社会科学重点研究基地项目（18JZ029）资助

中国区域高技术产业创新效率的空间差异研究

ZHONGGUO QUYU GAOJISHU CHANYE CHUANGXIN
XIAOLÜ DE KONGJIAN CHAYI YANJIU

王郁蓉 著

中国财经出版传媒集团
中国财政经济出版社

图书在版编目（CIP）数据

中国区域高技术产业创新效率的空间差异研究／王郁蓉著． ––北京：中国财政经济出版社，2020.12
　ISBN 978 – 7 – 5223 – 0218 – 8

　Ⅰ.①中⋯　Ⅱ.①王⋯　Ⅲ.①高技术产业 – 产业发展 – 研究 – 中国　Ⅳ.①F279.244.4

中国版本图书馆 CIP 数据核字（2020）第 249167 号

责任编辑：蔡　宾　　　　　　　责任校对：李　丽
封面设计：陈宇琰

中国区域高技术产业创新效率的空间差异研究
ZHONGGUO QUYU GAOJISHU CHANYE CHUANGXIN
XIAOLÜ DE KONGJIAN CHAYI YANJIU

中国财政经济出版社 出版

URL：http://www.cfeph.cn
E – mail：cfeph@ cfeph.cn

（版权所有　翻印必究）

社址：北京市海淀区阜成路甲 28 号　邮政编码：100142
营销中心电话：010 – 88191522　编辑部门电话：010 – 88190666
天猫网店：中国财政经济出版社旗舰店
网址：https://zgczjjcbs.tmall.com
北京财经印刷厂印刷　各地新华书店经销
成品尺寸：185mm×260mm　16 开　10.75 印张　265 000 字
2020 年 12 月第 1 版　2020 年 12 月北京第 1 次印刷
定价：50.00 元
ISBN 978 – 7 – 5223 – 0218 – 8
（图书出现印装问题，本社负责调换，电话：010 – 88190548）
本社质量投诉电话：010 – 88190744
打击盗版举报热线：010 – 88191661　QQ：2242791300

前　言

21世纪，世界经济的发展主要依赖于科技和创新。科技水平的提高和创新活动的繁盛又要依托于高技术产业。高技术产业作为朝阳产业，具有其他传统产业所不能比拟的优点与特色，它不仅成为当前发达国家经济发展的主导性产业，对于发展中国家来说，也是提高其国家竞争力、振兴经济繁荣的主要提升路径。从表面上来看，我国近年来对于高技术产业创新投入不断加强，创新产出也呈现多样化的表现。但同时，地域间高技术产业创新效率的差异也比较明显。如何科学合理地评价我国高技术产业的创新效率、比较不同地区间的差异，并最终构建提升效率的对策？针对这些问题，学界展开积极研究，研究成果较为丰富，但仍然存在局限和不足：在分析创新效率的地区差异时，仅仅反映了时间维度上差异的水平，并未考虑空间维度下差异的结构。部分研究虽然题目写的是"空间差异"，但内容仍然未体现出对于空间因素的关注，或是在研究创新效率差异产生的原因时，过多强调空间集聚过程中区位优势的影响，忽略了人文、社会、历史因素的作用。因此，为了能对学界做一些有益的补充和探索，本书积极展开研究，取得了初步的研究成果。

本书的主体共分为六个部分，层层推进。第一部分在对高技术产业的概念和范围界定的基础上，对我国现阶段高技术产业的发展及创新现状做了归纳和总结，发现高技术产业发展力量强劲，但自主创新能力不足，并且在地区间的分布不均衡；第二部分为了能够对高技术产业的创新活动有一个科学合理的认识，借助于DEA（数据包络分析法）对30个样本省份在2006—2015年的高技术产业创新效率进行了评价。结果表明，大部分省份的高技术产业创新效率未达到技术有效状态，不同省区的效率值也不均衡，东部与中、西部地区差异较为明显；第三部分利用ArcGIS中的全局空间趋势分析对创新效率空间差异的变化趋势进行了可视化的展现，发现创新效率的投入、产出指标均呈现东高西低、南高北低梯度递减态势。通过泰尔指数的计算和分解发现差异主要来源于西部地区内省际差异和三大地区间的区间差异；第四部分主要是对我国高技术产业创新效率空间差异的分布特征进行分析。通过全局自相关分析，发现各类指标在空间上属于正相关关系，即呈现出集聚的态势，但集聚的程度并不明显；通过局部自相关分析，Moran散点图和LISA集聚图提供了进一步的展现和补充，创新核心地区及周边边缘省区内部差异虽不断缩小，但核心地区、边远地区之间差异却在不断扩大。以上三部分的实证分析，充分证明了目前我国高技术产业创新效率的地区差异现象仍未得到有效缓解；第五部分通过定性分析的方法论证了区域创新环境对空间差异产生的影响和作用。第六部分主要是根据论证结论提出提升我国区域高技术产业创新效率及缩小空间差异的对策和建议。和以往的研究相比，本书的创新性主要体现在以下三个方面：

第一，在比较我国区域高技术产业创新效率的差异时，特别关注了空间关联因素的作用。长期以来，只考虑时间维度而不考虑空间维度一直是现代主流经济学的一个突出的特点。但在现实生活中，人类的经济活动不仅在时间维度上存在关系与区别，在空间维度上也显示出某种程度的联系与差异。因此，本书从空间关联的维度探究我国区域高技术产业创新效率的差异化问题，并阐述其作用于创新效率的内在机理与原因，力图对我国高技术产业创新效率的空间差异进行全面的分析，弥补以往研究中的忽略空间关联因素的不足。

第二，采用了探索性空间统计的方法，对空间差异的结构进行了可视化展现。本书借助于经济地理学专业常用的 ArcGIS、GEODA 等空间分析专业软件，进行适当地空间数据的分析，考虑到了空间数据的空间效应，即空间相关性和空间异质性，既拓展了传统计量经济模型只考虑时间维度的不足，又为本书的研究主题提供了完善的实证分析工具。同时也顺应了当前及未来科学方法论的发展趋势，实现了跨专业、跨学科研究的初步尝试。

第三，从新的视角分析中国区域高技术产业创新效率空间差异的影响因素。区域高技术产业创新效率的投入产出指标在空间内呈现出明显的集聚特征，由此造成了集聚区与非集聚区创新效率的差异。以往的研究更加强调区位优势的作用，但是今天，在时代背景发生变化的条件下，我们看到的是创新主体在创新集聚形成的过程中所产生的集体效率以及创新行为所产生的协同作用才是造成创新效率空间差异的主导因素。因此，本书高度重视一个地区的人文社会历史因素对空间差异的形成和发展所起到的影响和推动作用，从而强调了"区域创新环境"对于地区发展的真正意义。

INTRODUCTION

In the 21st century, the development of world economy mainly depends on technology and innovation. And raising the level of science and technology innovation activities flourish relies on high technology industry. As a sunrise industry, high technology industry has lots of advantages and characteristics which the other traditional industry can't be matched. It is an aggregate of all intellectual resources. It can meet the requirement of low cost, large output of intensive economy. It not only has become one of the leading industries for developed countries, but also improved the national competitiveness and promoted economic prosperity for developing countries. On the face of it, continuously strengthen innovative input of high-tech industry in recent years, and innovative output also diversified performance in our country. But at the same time, the innovative efficiency difference of high technology industry between different regions is more apparent. How to assess innovative efficiency high-tech industry in china, compare the disparity between different regions, and finally construct the countermeasures to improve the efficiency? Aiming at these problems, many scholars engaged in active research, and the results are more abundant, but there are still some limitations and shortcomings: They just reflect the level of disparity on the dimension of time, did not consider the structure of disparity on the spatial dimension. Some research the topic is written as "spatial differences", but the content is still not reflected the spatial factors, another research have too much emphasis on the effect of position advantage during the process of agglomeration, ignore the factors of human, social and historical role when they analyse the reasons about the disparity of innovative efficiency. Therefore, in order to make some beneficial additions and explorations in the academic world, this book actively researches and obtains the preliminary research results.

In this book, the main body part is divided into six parts, layer upon layer. In the first part, we made the induction and the summary about development present situation of the high technology industry in our country, on the basis of the concept and scope of high technology industry, found that high technology industry development power is strong, but the independent innovative ability of the high technology industry is insufficient, and there is the imbalance in regional distribution. In the second part, we evaluated innovative efficiency of high technology industry for samples of 30 provinces from 2006 to 2015 with the aid of DEA (data envelopment analysis). In order to get a scientific and rational understanding and the contrast about present situation on the development of high technology industry. The results show that valid state of high-tech industrial innovative efficiency has not been achieved in the majority of provinces and cities, the efficiency value of different provinces and regions is not balanced, and the difference in eastern and western regions is more obvious. In the third part, we made a visual display on the changing tendency about the input and output indicators using the global spatial trend analysis in ArcGIS. The result showed that there is a gradient decreasing trend from the East region to West region and from the South region to North region. Through the calculation and decomposition of Theil index, we found that the main source of the difference lies in inter provincial differences in the western region and the difference between the three regions. In the fourth part, we mainly analyze and discuss the spatial agglomeration characteristics and the formation mechanism of the input and output indicators about innovative efficiency. Through the global autocorrelation analysis, we found that there are agglomeration trends in spatial, but the agglomeration degree is not obvious. The analysis of the local autocorrelation about Moran plot and LISA concentration diagram offer a further supplement: although the internal differences in the innovative core area and the surrounding provinces are narrowing, but the difference between core areas and remote areas are constantly expanding. Through the above three parts of the empirical analysis, we fully proved that: regional differences in the innovation efficiency of high-tech industries in China are still not alleviated effectively. In the fifth part, through qualitative analysis, we demonstrates that the effect of regional innovation milieu on spatial differences. In the sixth part, based on the analysis and summary of the full text, we put forward the strategic countermeasures to improve the innovative efficiency of regional high tech industry and reduce the difference between regions. The focus is to enhance the competitive strength of the high-tech industry by cluster effect; pay more attention to cultivate a good regional innovation milieu environment; put the government on the right role of innovation; improve the motivation of R&D personnel; strengthen financial support for high-tech industry of independent innovation. Compared with previous studies, the innovation of this paper is mainly reflected in the following three aspects:

First, we pay particular attention to the role of spatial association factors when we compare the disparity of the regional innovative efficiency of high-tech industry. For a long time, it is a prominent feature of modern mainstream economics to consider only the dimension of time without considering the spatial dimension. But in real life, the economic activities of human beings are not only related to the dimension of time, but also related to spatial dimension. Therefore, we consider the problem of disparity of regional innovative efficiency of high-tech industry in china from the spatial correlation dimension, explain its internal mechanism and reason, make a comprehensive analysis, make up for the lack of previous research neglecting spatial correlation factors.

Second, we make a visual display the structure of spatial disparity, using the method of exploratory spatial statistics. With the help of ArcGIS and GEODA spatial analysis software of economic geography professional commonly used, we analyze the appropriate spatial data, considering the spatial effect of spatial data, which extends the lack of the traditional econometric models only consider the time dimension, and provide a complete empirical analysis tool in order to support the research topics. At the same time, we make a preliminary attempt to cross disciplinary and interdisciplinary research, complying with the current and future development trend of scientific methodology.

Third, we analyze the influence factors of the spatial disparity of regional innovative efficiency of high-tech industry in china from the new perspective. There are obvious agglomeration characteristics in the space about input and output indicators of regional innovative efficiency of high-tech industry, which results in the disparity of innovative efficiency between the agglomeration and non agglomeration areas. Previous studies put more emphasis on the role of regional advantages, but today, in the background of changing conditions, we known that it is a dominant factor that collective efficiency of innovative subject and synergy of innovative behavior during the process of innovation agglomeration, which caused the spatial disparity of innovative efficiency. Therefore, we attaches great importance to the influence and promotion of social and historical factors in a region on the formation and development of the spatial disparity, and emphasizes the importance of "regional innovative milieu" for the true meaning of regional development.

目 录

第1章 绪论 (1)
1.1 选题背景 (1)
1.2 研究思路及框架 (3)
1.3 研究内容 (4)
1.4 研究方法 (6)
1.5 研究意义 (7)
1.6 研究的创新点 (8)

第2章 理论基础及相关文献述评 (10)
2.1 理论基础 (10)
2.2 相关文献梳理与述评 (18)
2.3 本章小结 (34)

第3章 中国高技术产业的发展及创新现状 (35)
3.1 高技术产业的概念与内涵 (35)
3.2 中国高技术产业的发展现状 (42)
3.3 中国高技术产业的创新现状 (51)
3.4 本章小结 (54)

第4章 中国区域高技术产业创新效率评价 (55)
4.1 评价指标体系的设计原则 (55)
4.2 评价指标的选取 (55)
4.3 模型构建 (58)
4.4 评价结果分析 (62)
4.5 本章小结 (68)

第5章 中国区域高技术产业创新效率的空间差异分析 (69)
5.1 测度指标和测度方法 (70)
5.2 测度结果 (72)
5.3 中国区域高技术产业创新效率空间差异的变化特征 (74)

5.4 本章小结 …………………………………………………………（79）

第6章 中国区域高技术产业创新效率空间差异的分布特征 …………（81）
6.1 ArcGIS中设置的空间统计工具 …………………………………（81）
6.2 方差变异分析 ……………………………………………………（82）
6.3 中国区域高技术产业创新效率的空间自相关分析 ……………（87）
6.4 本章小结 …………………………………………………………（94）

第7章 区域创新环境对中国区域高技术产业创新效率空间差异的影响作用 ………（96）
7.1 区位优势与区域产业技术创新集聚 ……………………………（96）
7.2 区域创新环境与高技术产业创新效率的影响 …………………（98）
7.3 本章小结 …………………………………………………………（108）

第8章 提升中国区域高技术产业创新效率的对策和建议 ……………（110）
8.1 提升中国区域高技术产业创新效率的基本思路 ………………（110）
8.2 提升中国区域高技术产业创新效率的对策和建议 ……………（113）
8.3 本章小结 …………………………………………………………（120）

第9章 结论与展望 ………………………………………………………（122）
9.1 结论 ………………………………………………………………（122）
9.2 研究展望 …………………………………………………………（124）

参考文献 ……………………………………………………………………（126）

附录 …………………………………………………………………………（137）
  附表1 ……………………………………………………………………（137）
  附表2 ……………………………………………………………………（143）
  附表3 ……………………………………………………………………（145）
  附表4 ……………………………………………………………………（147）
  附表5 ……………………………………………………………………（149）
  附表6 ……………………………………………………………………（151）
  附表7 ……………………………………………………………………（153）
  附表8 ……………………………………………………………………（155）
  附表9 ……………………………………………………………………（157）
  附表10 …………………………………………………………………（159）

第1章 绪 论

1.1 选题背景

1. 创新型国家战略的推进

半个多世纪以来,世界上许多国家都在原有发展基础上,试图找到一条道路,尽量早日推进工业化和现代化。有一些国家主要依赖于其丰富的物产资源增加整个国家和社会的财富,比如中东的石油生产国就是这种模式;另外如拉美一些国家,则主要依靠资本、市场和技术的大力发展;还有一些国家则把科技创新作为发展的头等大事,通过制定促进创新活动繁盛的战略对策,以此提升高技术产业持久的创新能力,进而推进整个国家综合国力的提升,如美国、日本、韩国等国家。作为一个发展中国家,我国在科技创新方面同发达国家还有一定的差距,科技自主创新能力薄弱、缺乏核心竞争力,这样的现状长期制约着我国经济发展[①]。要想在世界经济发展格局中占领一席之地,我们绝不能再依靠这种粗放式的经济发展模式,我们有必要放眼世界,向少数的创新型国家学习,把科技创新作为发展的主要驱动力,积极调整产业结构,转变经济增长方式,提高企业尤其是高技术企业的创新能力和竞争力[②]。因此,近年来,无论是理论研究还是实践操作中,推动创新活动的发展注定是整个国家、地区和企业的主旋律。

2. 我国高技术产业发展迅速,但创新效率不均衡

高技术产业属于知识密集型产业,它们大多雇用高素质人才,生产高科技含量产品,生产设备和管理制度相对先进,符合投入小产出大的集约型经济发展模式。因此,它的发展,能够促进当地知识与信息的流动、产业结构的升级,设备现代化水平的更新,能够推动当地经济快速发展,也能够提高区域竞争能力[③]。经过20多年的发展,我国高技术产业取得了可喜的成绩:1995—2015年,我国高技术产业的主营业务收入从3917.1亿元增加到139968.6亿元,年平均增速为19.6%。但同时,不容忽视的是,区域之间的差异,尤

[①] Sun Yiei. China's National Innovation System in Transition [J]. Eurasian Geography and Economics, 2002, 43 (6): 476 – 492.

[②] Shulin Gu, Lundvall, Bengt – Ake. China's Innovation System and the Move Towards Harmonious Growth and Endogenous Innovation [J]. Innovation: Management, Policy& Practice, 2006 (8): 1 – 26.

[③] 王利政. 我国高技术产业发展的现状与建议 [J]. 科学管理研究, 2011, 29 (5): 70 – 77.

其东部与中、西部地区高技术产业创新效率存在显著的差异。自从改革开放以来，中、西部地区在硬件设施、制度政策、人力资本投资等条件改善的情况下，高技术产业在航天航空制造、生物技术、通信、IT 等产业的智能化和数控化技术方面已取得长足的发展，但与东部地区相比差距还很大。此外，笔者居住于西部地区的陕西省西安市，西安高校云集，科研院所众多，每年都能培养大量的高素质人才，但是陕西省的创新竞争力却比较落后，当地的高新技术企业对于高素质的人才也没有太大的吸引力。因此，从个人情感因素出发，对高技术产业地区间的差异问题比较关注。

3. 实证分析工具的支持

在空间计量方法没有引入之前，学界的众多学者在评价地区创新差异时，均没有考虑"空间因素"。传统经济学在研究经济问题时，通常假定资本、土地、劳动力资源等因素在空间内的分布是均匀的，学者们有意或无意避免考虑经济现象的空间效应问题，因此，现有研究体系中必然会存在这样的"系统性偏差"。但事实是，与时间维度一样，对人类经济活动的分析也离不开空间维度。因此研究高技术产业创新效率的空间差异就成了必不可缺的研究部分。同时，在实证研究领域，空间统计方法为我们的研究提供了适当的实证分析工具。另外，空间信息系统（GIS）的发展，Matlab、Stata、SAS 等软件中相关空间分析程序的开发，特别是 ArcGIS、GEODA 等空间分析专业软件的广泛运用，也为我们的研究提供了技术上的支持[①]。

在以上背景的催生下，笔者对一些问题产生了浓厚的研究兴趣：现阶段，我国不同区域高技术产业创新效率如何？在不考虑空间维度的时候，它们的差异如何？如果借助于空间统计方法，从空间维度去衡量差异，具体的表现又如何？这些差异到底在空间上呈何种状态的分布，可不可能进行清晰的、全方位的可视化展现？为什么高技术产业创新效率的差异在空间分布上呈现其特有的状态？引发这些特征产生的主要因素是什么？背后隐藏的影响机理是什么？针对这样的空间差异，如何从政策开发及管理方式的角度出发，提升区域高技术产业创新效率？今后应该着力向哪些方面努力？以上这些问题学界虽给予了一定的研究，但是，有些研究角度较为独立分散，有些研究概念界定不清，还有些研究遗漏了重要的影响因素，总体呈现出区域高技术产业创新的理论研究落后于产业实际发展的态势，这就需要我们重新反思，以此构建起系统科学的理论体系用于实践的指导。因此，中国区域高技术产业创新效率的空间差异研究成为本书要研究的重点问题。

---

① Haining R. Spatial Data Analysis in the Social and Environmental Sciences [M]. London: Cambridge University Press, 1993: 62 – 68.

1.2 研究思路及框架

根据需要解决的问题,本书的研究思路设计如下:

第一步,本书研究的逻辑起点源于选题背景和研究目的。当前,我国高技术产业发展迅速,对我国及地方的经济确实起到了积极的推动作用,但是不容忽视的是,区域间高技术产业效率一直处于不均衡的状态,本书的研究就是希望能对此问题的解决做一些补充和新的探索。为了使该问题得到全面的展现,构建了本书研究的基本框架。

第二步,在遵循框架结构的基础上,重点着手于文献梳理和现状总结。当然,文献梳理在平时的科学研究中已经进行了初步的积累,从中总结了现有研究的可取之处,同时也发现了其中存在的不足与问题。同时,对于我国高技术产业发展现状的评估与判断,借助了官方公布的统计数据,查阅了《中国高技术统计年鉴》及《中国科技统计年鉴》,并抽取了部分观测年度的数据,以此来支撑对现状的分析。

第三步,核心论证分析部分,包括四个方面:

(1)中国区域高技术产业创新效率评价:按照评价指标选取原则选取 R&D 人员全时当量、R&D 经费内部支出作为创新投入变量,选取专利申请数、新产品销售收入作为创新产出变量,运用数据包络分析法对 2006—2015 年我国高技术产业创新效率进行评价。

(2)中国区域高技术产业创新效率的空间差异分析。利用 ArcGIS 中的全局空间趋势分析对我国高技术产业创新效率的投入、产出指标的变化趋势进行可视化的展现。通过计算变异系数和分解泰尔指数展现了空间差异的全貌,探寻了差异的来源。

(3)中国区域高技术产业创新效率空间差异的分布特征。通过方差变异分析、全局空间自相关和局部自相关分析展现了空间差异的分布特征。

(4)提出区域创新环境对于空间差异的影响和作用。

第四步,在以上步骤完成之后,结合创新实践提出提升我国区域高技术产业创新效率、缩小区域空间差异的对策、结论和未来研究展望。

根据以上研究思路,绘制研究框架图,如图1-1所示。

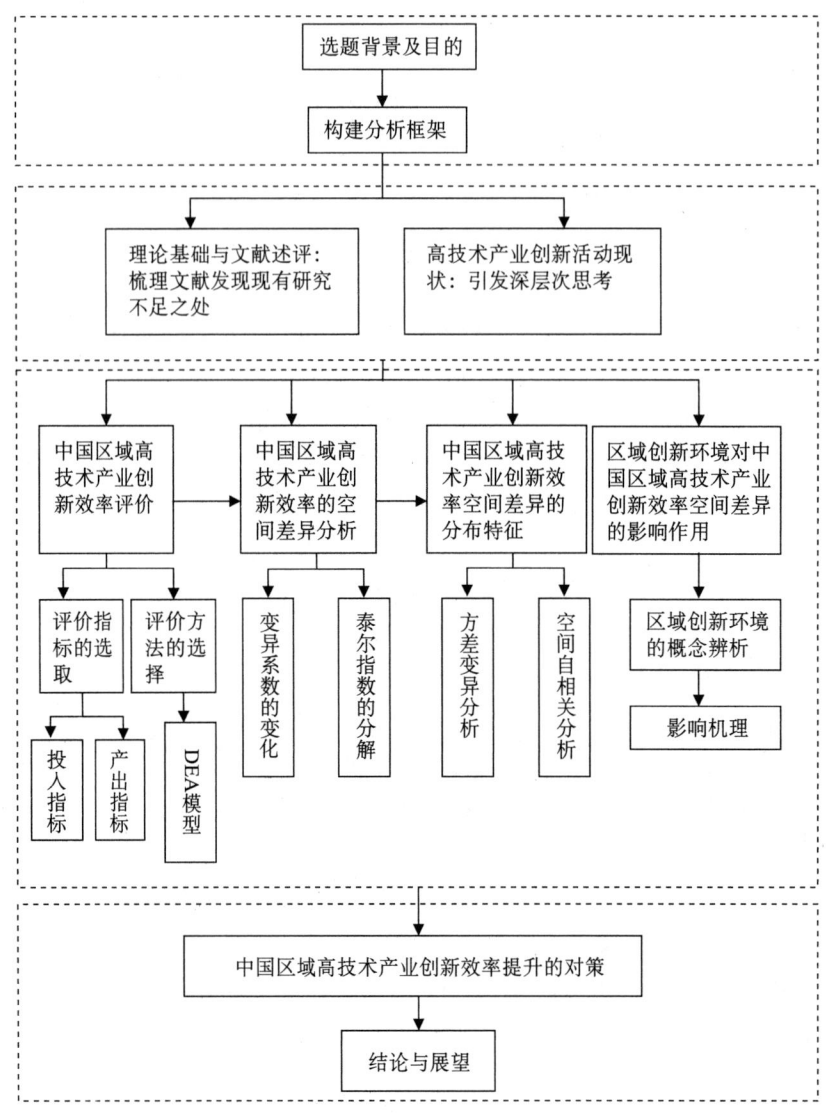

图1-1 研究框架图

1.3 研究内容

按照研究思路及框架的设计,本书的研究内容共包括9章:

第1章绪论。本章包括选题背景、研究思路及框架、研究内容、研究方法、研究意义以及研究的创新点,展现了本书的基本内容和轮廓,提出了本书的研究范围和基本观点。

第2章理论基础及相关文献述评。本章主要介绍了全书论述所依赖的基本理论:创新效率评价的相关理论和区域创新系统理论，并对区域高技术产业创新效率评价、区域高技术产业创新效率的差异研究两方面的文献进行梳理和简要述评，为以后的分析研究做好理论性和基础性的工作。

第3章为研究对象的现状分析。本章主要对高技术产业的概念和范围做了界定，并归纳了现阶段我国高技术产业的发展现状和创新现状。

第4章按照评价指标选取原则，创新投入指标选取R&D人员全时当量、R&D经费内部支出作为变量，创新产出指标选取申请专利数、新产品销售作为变量，收集中国大陆的30个省市作为基本评价单元。数据时间跨度各为9年：投入指标数据为2004—2013年；产出指标数据为2006—2015年，借助于数据包络分析（DEA）中规模报酬可变的BC^2模型，以求科学合理地评价我国区域高技术产业的创新效率并以此分析区域之间存在的差异。

第5章主要从两个方面来考察我国区域高技术产业创新效率的空间差异化。首先对创新效率进行分解，效率就是产出与投入的比值，由此确定衡量不同区域间高技术产业创新效率空间差异的指标，比较东、中、西部三大地区高技术产业创新投入和创新产出指标的绝对差异，并利用ArcGIS中的全局空间趋势分析展现指标在东西方向和南北方向的发展趋势；然后通过计算变异系数来反映我国区域高技术产业创新效率空间差异在观测年份内的演变过程，通过计算泰尔指数和分解泰尔指数展现东、中、西部三大地区间和地区内省市间的空间差异，并探寻对这种差异影响最大的地区。

第6章利用区域高技术产业创新效率的投入产出指标集聚的GIS探测技术，绘制出高技术产业创新投入指标和创新产出指标的半变异函数云图，以此了解创新效率的空间分布特征。另外，根据空间自相关分析，测度Moran's I指数，绘制Moran散点图和LISA集聚图了解中国省域高技术产业创新效率总体空间差异和局部空间差异的表现。

第7章主要论述区域创新环境对于创新效率空间差异的影响作用。空间差异主要体现的是样本指标空间分布特征，具体来说就是观测指标在空间内是集聚的状态还是分异的状态。根据第5、6章的分析结果，我国区域高技术产业创新效率的投入产出指标基本呈现空间集聚的态势，集聚核心区和边缘区属性值的差异较大。以往的研究更多的是从区位因素去分析产业空间集聚现象，后来，学者们又比较关注创新的支持条件，例如政府法规、金融政策、市场需求、劳动者素质、创业水平、基础设施等因素的综合。但是，随着社会的发展，起到重要影响的因素会随着时间的发展而发生变化。今天，我们看到创新集聚形成的过程中所产生的创新主体和集体效率、创新行为所产生的协同作用才是造成创新效率空间差异的主导因素。学界将这一主导因素称之为"区域创新环境"，这里的创新环境并不是指支持创新的一些硬件设施或条件，而是强调创新集聚形成过程中地域的人文社会、历史因素对集聚的形成和发展所起到的积极的推动作用。本章重点阐述"区域创新环境"对于我国高技术产业创新效率空间分布格局形成作用机理。

第8章根据前面章节的分析了解到：近年来，我国高技术产业发展势头较猛，创新的硬件设施和支持条件不断完善，创新效率不断提高。但是，我们也要看到：和发达国家相比，高技术产业的创新效率水平还有待提高，大部分地区还未达到效率有效的水平，区域创新环境的支撑能力还未充分发挥。此外，我国高技术产业创新投入资源在区域间的配置也不合理，各个区域间创新效率较不均衡，尤其是南北地区、东西地区差异尤为明显。再者，域内高技术企业的自主创新能力还有待提升。因此，本章主要针对前面的分析结果提出合理的建议和措施，旨在切实提高我国高技术产业的创新效率，缩小区域之间的差异。

第9章为结论及展望。本章对全书的研究结果做一个概括性的陈述。另一方面，科学研究的步伐永远都不会停止，本书的研究也只是起到了抛砖引玉的作用，后续还有许多问题需要被完善，因此本章还对未来的研究进行了设想与展望。

1.4　研究方法

本书根据研究目的、研究对象以及期望得到的研究结果，在研究过程中遵循"提出问题——分析问题——解决问题"的规范研究范式，综合运用多种研究方法，力求对论文设计的相关问题给予较为科学合理的分析，得到可靠的结论。具体来说，研究过程中运用的研究方法如下：

（1）文献研究法。为了对我国高技术产业创新效率的空间差异研究有一个系统全面的认识，研究过程中查阅了180多篇中外文献和资料，总结了现有的研究成果，也发现了其中存在的问题和不足，从而为后续的研究奠定了扎实的理论基础。

（2）数据包络分析（DEA）。在中国区域高技术创新效率评价方面主要利用DEA规模报酬可变的BC^2模型，选取合适的高技术产业创新效率的投入与产出指标，构建指标体系，测算了我国区域高技术产业的创新效率。关于创新效率的评价方法有很多（例如，随机前沿分析、二阶段DEA、三阶段DEA等），本书选择DEA方法的主要原因有以下几个方面：

①本书中构建的高技术产业创新效率的评价指标体系是多投入、多产出，而随机前沿分析适合于多投入、单产出的情况。

②在采用两阶段DEA分析时，也有不可避免的缺陷：有的研究人员假定两阶段相互独立，那么二者之间必然缺乏联系。另一种可能是两个阶段不独立，但只进行了简单的平均分配，因此在权重系数选取方面主观性过强。

③三阶段DEA在准确性方面更具有优势，但在实际应用中，不同的研究人员在细节上存在差异。可以说，目前对该模型的应用还不成熟，有待于进一步讨论。

因此，本书采用DEA方法评价高技术产业创新效率有一定的合理性和适用性。

（3）数量研究法。本书通过计算变异系数和泰尔指数考察了观测年份内我国区域高技术产业创新效率空间差异的演变过程，并通过泰尔指数的分解发现了空间差异的主要来源。

(4）探索性空间统计分析。主要利用空间全域、局域相关统计指标（如 Moran 指数、Moran 散点图和 LISA 集聚图等），进行空间自相关分析，探索了我国区域高技术产业创新效率总体空间差异和局部空间差异的表现及空间分布特征。

1.5 研究意义

目前，国内外对于区域高技术产业创新效率的评价研究比较常见，但是对其空间差异的研究比较鲜见，本书力求在这方面做一些深入研究：以人力资本理论、创新管理学、技术创新学、制度经济学、地理经济学和统计学等学科的相关理论、方法为分析工具、手段，对我国区域高技术产业的创新效率进行评价，对于效率的空间差异及空间分布特征进行分析，并探寻空间分布特征形成的主要因素，最终提出可行性较强的提升我国区域高技术产业创新效率、缩小区域空间差异的对策和建议。

本书研究的理论意义在于：

第一，对于"创新效率"的概念给予了清晰地界定。国内部分学者并未严格区分"创新效率"和"创新绩效"的概念，常常将它们混用。但仔细辨别，二者是有严格区分的。创新绩效是指创新企业中，从事创新活动的主体行为的好坏及创新行为所产生的企业利润增加的多少。因此，创新绩效一方面要看从事创新活动的主体的行为和态度，另一方面要看主体的行为和态度所导致的结果；创新效率，从管理学的角度来理解，效率是指在既定时间内，组织的各类投入要素与产出结果之间的比例。因此，创新效率是指创新企业中创新活动的投入产出比，它主要强调的是比值的概念。由此可见，二者严格区分起来还是有不同涵义的。

第二，本书以 30 个省级行政区的高技术产业创新投入产出数据为样本，在借鉴大量文献及咨询专家意见的情况下，筛选了具有代表性的投入产出变量，借助于 DEA 方法对高技术产业创新效率的区域差异进行实证研究。对各行政区的高技术产业创新效率的排名状况有了基本的了解，反映了高技术产业创新活动的实际状况。

第三，本书对我国区域高技术产业创新效率的空间差异进行了较为系统的研究。不仅对比了不同区域空间差异的水平，还展现了空间差异的结构特征，探究了空间差异的主要影响因素。这为空间差异的理论研究做出了有益的补充。

本书研究的现实意义在于：

第一，对我国高技术产业创新效率的提升具有积极的推动作用。自从改革开放以来，我国高技术产业取得了长足的发展，尤其是近几年，高技术产业持续保持两位数的高速增长态势，创新成效显著，在很多领域都出现了技术创新亮点，部分产业已达到国际领先水平。但是，在高技术产业高速增长的同时，也面临着"地区差异较大、自主创新能力较弱"的窘境。本书通过规范分析和实证分析证实了这种状况的真实存在，希望能够引起理论研究者、政策出台者、企业管理者充分的重视，从多方面入手提高高技术产业创新效率，实现从"总量追赶"到"质量提升"的转变。

第二，为我国区域创新发展提供了科学的理论引导。高技术产业创新效率评价的目的就在于得到不同区域的评价结果，进而对比结果之后去探寻不同区域评价结果的差异：为什么有的区域高技术产业创新效率偏高，而另外区域的效率却偏低？除此之外，某一个区域高技术创新效率通常会受到当地经济发展水平、金融政策支持、人力资本投入、区位条件等客观条件的影响和制约，多年的实践发展证明仅仅依靠加大区域创新资源的投入以求换取创新产出的增加，在现有条件下短期内难以看到成效。因此，我们还应该探索，除了这些硬件条件的支撑，是否还有忽略的其他更重要的因素？本书的研究致力于发现并分析这些其他的更重要的因素是什么？并为此提供了具有可行性的政策建议。

第三，对推动我国"创新驱动战略"的实施具有重要意义。"创新驱动战略"实施的核心是自主创新能力的提升和现有体制机制障碍的破除。自主创新能力的提升首先要从创新效率的提高入手，而创新效率高的企业相对来说会拥有更多的精力、资金去发展拥有自主知识产权的核心技术和关键技术。另外政府有关部门在出台创新政策时，要打破行政区域限制，促进各类资源尤其是人才资源的自由流动。在我国大部分地区创新资源有限的条件下，本书的研究为相关部门最大限度、最有效率地利用创新资源，提供了理论上的参考与支持。

1.6 研究的创新点

本书主要针对我国高技术产业创新效率的空间差异问题展开研究，在借鉴前人研究经验和总结不足的基础上，书稿的撰写工作持续了较长的时间，最终取得了阶段性成果，和以往的研究相比，它的创新性体现在以下几个方面：

第一，本书在比较我国区域高技术产业创新效率的差异时，特别关注了空间关联因素的作用。以往的研究在分析创新效率的地区差异时，仅仅反映了时间维度上差异的水平，并未考虑空间维度下差异的结构。还有部分研究虽然题目写的是"空间差异"，但内容依旧是未体现出对于空间因素的关注。当然，出现这种研究现状并不是因为研究人员"疏忽"或"大意"而造成的偶然事件，它更有可能是现有研究体系中存在的"系统性偏差"。因为长期以来，只考虑时间维度而不考虑空间维度一直是现代主流经济学的一个突出的特点。现代主流经济学思想体系与理论模型总是默认"空间"是"均质"和"无差别的"，但实际上，我们生活的"空间"却是"异质"和"有差别的"，经济活动不仅在时间维度上存在关系与区别，在空间维度上也显示出某种程度的联系与差异。因此，本书从空间关联的维度考虑我国区域高技术产业创新效率的差异化问题，并阐述其作用于创新效率的内在机理与原因。本书力图对我国高技术产业创新效率的空间差异进行全面的分析，弥补以往研究中的忽略空间关联因素的不足。

第二，在实证分析方面，本书采用了探索性空间统计的方法。为了实现对空间差异结构的可视化展现，本书借助于经济地理学专业常用的 ArcGIS、GEODA 等空间分析专业软件，进行适当的空间数据分析，考虑到了空间数据的空间效应，即空间相关性和空间异质性，既拓展了传统计量经济模型只考虑时间维度的不足，又为本书的研究主题提供了完善的实证分析工具。同时也顺应了当前及未来科学方法论的发展趋势，实现了跨专业、跨学科研究的初步尝试。

第三，在考虑中国区域高技术产业创新效率空间差异的影响因素时，有了新的视角。区域高技术产业创新效率的投入产出指标在空间内呈现出明显的集聚特征，由此造成了集聚区与非集聚区创新效率的差异。以往的研究更加强调区位优势的作用，但是今天，在时代背景发生变化的条件下，我们看到创新集聚形成的过程中所产生的创新主体的集体效率、创新行为所产生的协同作用才是造成创新效率空间差异的主导因素。因此，本书高度重视一个地区的人文社会历史因素对空间差异的形成和发展所起到的影响和推动作用，从而强调了"区域创新环境"对于地区发展的真正意义。

第 2 章 理论基础及相关文献述评

本书是以我国高技术产业为研究对象,对其创新效率进行评价、并比较区域高技术产业创新效率的空间差异。因此,本书主要梳理以高技术产业为研究对象的相关文献,并着重关注以上两方面的研究。

2.1 理论基础

2.1.1 创新效率评价的相关理论

1. 效率的概念

"效率"一词最早出现在拉丁文中,指的是有效的因素。大概在19世纪末,"效率"一词较多用于衡量机械工程方面能量输出与输入能量之比。后来,有人将这一概念频繁用于经济与管理领域,以反映经济体系内的产出投入比,或者是效益成本比。后来,一些经济学家对"效率"的概念产生了浓厚的兴趣,并根据自己的理解定义了"效率"的概念:

意大利经济学家和社会学家帕累托分别在1897年、1906年出版了他的著作《政治经济学讲义》和《政治经济学教程》,在这两本著作中,他按照自己的理解,界定了"效率"的概念,后人称之为"帕累托效率",也称为"帕累托最优"。帕累托效率是在现有资源分配状态向另一种分配状态转化时,保持现有状况在不向负面发展的前提下,现有状况变得更好,哪怕只是其中的微小部分。它的理想状态就是不可能再有帕累托改善。

美国著名制度经济学家康芒斯借助了马克思对工时的定义,对效率这一词语有了自己的认识,用一个公式来解释就是"效率=使用价值出量/劳动工时的入量"[1]。从这个定义我们可以看出,康芒斯强调的是投入中的劳动,但对原料的利用率和机器的磨损不予考虑。为了说明效率的概念,康芒斯还特意举了一个例子:某个服装厂在1920年时生产一套服装需要10个工时的有效劳动,但在1929年时生产一套服装只需要5个工时,因此效率增加了100%。从这个例子可以看出,社会科学中的效率有了单位,可是单位不同时是很难进行比较的。

---

[1] (美)康芒斯. 制度经济学(上册)[M]. 北京:商务印书馆,1997:86,326,417.

我国著名经济学家厉以宁（1995）在《经济学的伦理问题》中定义的效率的概念是这样的：效率是指对资源的合理配置，以便在使用时达到最高效的利用[①]。关于这一解释，我国经济学博士樊纲（1995）对经济效率的认识也有一些相同之处，他认为：经济效率是指社会对现有资源的利用程度[②]。换句话说，就是生产过程中对资源的满足度与生产成本之间的比例。综上所述，对效率的认识也可以说成是对社会福利的理解。由此可见，在经济学领域内，效率具有多重意思，我们既可以把它理解为是资源达到最优配置时的帕累托最优状态，又可以看成是低投入高产出的理性的经济行为。还可以看成是生产产品时所实现的投入产出最优组合的一种理想状态。

我们可以看出，国内外不同的经济学家对效率的定义和解释虽然有所差别，但是这些定义都包含着一些共同的特点：

（1）究其本质，效率就是一种比率，也就是产出和投入两要素间的相互衡量；既是反映二者此消彼长的关系，也是反映资源利用的最优状态。"有效率"指的是成本一定产出最大化，或是产出一定成本最小化。

（2）效率概念的含义包括的内容很广，使用这个概念是必须明确指出是什么效率。

（3）效率的测度是一个相对的概念，问题是和谁比较，如果是和最优状态比较，那么绝对效率是无法测度出来的。

2. 效率的测度

在经济理论上效率一般指的是投入与产出之间的关系。英国经济学家 Farrell（1957）提出了他所创立的公司效率评价法，他将公司效率分为技术效率（technical efficiency，TE）和配置效率（allocative efficiency，AE）两个方面，对公司的经济效率评价就是求取以上两种效率的乘积。而其中的技术效率就是指投入与产出之间的比例关系。从内容上来说，他主要是由于科技含量的提升所产生的效率，而技术效率又可以分解为纯技术效率和规模效率。即技术效率＝纯技术效率×规模效率；配置效率与技术效率不同，它反映的是在投入要素最佳组合的情况下产生的最优产品数量组合。它从内容上反映的是在投入不变的条件下，通过不同的管理手段，使得资源优化组合和配置，产出增加所提高的效率[③]。

Farrell 从投入导向和产出导向两个角度反映效率的测度：

（1）投入导向型的测度（假定产出不变）

设某一公司在 P 点运行，该公司规模收益函数为 f(x)（按：f(x) 为递减函数）。在此方法中，他用距离来测度技术无效性，此处的距离是指从 P 点向 Y 轴作垂直线时，与 f(x) 交点间的长度，即 BP（如图 2-1 所示）。为了有更直接明确的表达方式，常用以下公式来说明投入导向型中的技术效率：

$$TE_p = \frac{AB}{AP} = 最佳投入与 P 点投入之比$$

[①] 厉以宁. 经济学的伦理问题 [M]. 北京：三联书店，1995：22.
[②] 樊纲. 市场机制与经济效率 [M]. 上海：上海人民出版社，1995：52-70.
[③] Farrell M J. The Measurement of Productive Efficiency [J]. Journal of the Royal Statistical Society, 1957, 120 (3): 253-281.

与此次相应的是产出导向型中的技术效率：

$$TE_p = \frac{CP}{CD} = P \text{ 点产出与最佳产出之比}$$

当规模报酬不变时，我们可以看到 AB/AP = CP/CD，两种导向型下的测度的技术效率是相等的（如图 2-1 所示），反之，技术效率则不相等（如图 2-2 所示）：

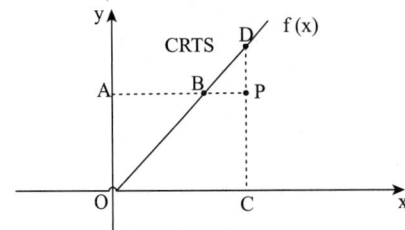

图 2-1　CRTS 下的投入和产出主导型技术效率测度

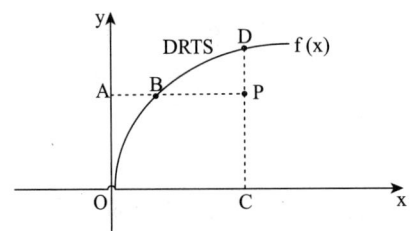

图 2-2　DRTS 下的投入和产出主导型技术效率测度

我们举一个例子来说明，已知某公司产品的产量曲线 SS′，在规模报酬一定的情况下，对此产品的两个投入分别为 x_1 和 x_2，产出为 y（如图 2-3 所示）。此时，若有一厂商在生产某一产品时所投入的数量为点 P，公司的技术无效用 QP 的距离来度量（到相同产出下的生产前沿上的点的距离），关于 QP 的度量通常用百分数 QP/OP 的比率表示，这里的比率就是指当产出一定时，产品生产过程中所投入数量的减少比例。

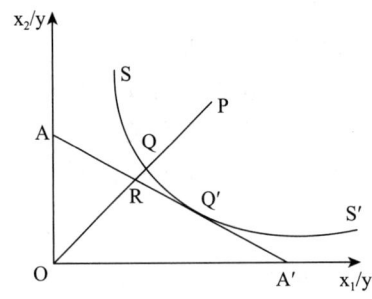

图 2-3　投入导向型的技术效率和配置效率

由图 2-3 可知，此时投入导向型下的技术效率公式：$TE_I = \dfrac{OQ}{OP} = 1 - \dfrac{QP}{OP}$

TE_I 的取值为 0—1，$TE_I = 1$ 代表完全技术有效，例如 Q 点，因为它在效率曲线上。

下面继续用图 2-3 来说明配置效率。由图 2-3 可知，若要知道产品的配置效率，需要知道固定的价格之比。用图示来说，就是要求直线 AA′ 的斜率是已知且固定的。此时 DMU 依然用距离来表示配置的无效性，即图 2-3 中的 RQ 的长度，由此可得出 DMU 在 P 的配置效率的公式：

配置效率表示为：$AE_1 = \dfrac{OR}{OQ}$

图 2-3 中 Q 点是配置无效但技术有效，而 Q′ 点则技术与配置都是有效的。

图 2-3 中的 PR 长度用比例式 $\dfrac{OR}{OP}$ 来表示，代表着产品的成本减少量，也就是总经济效率的无效性，此时的总经济效率可以用以下公式表示：

$EE_1 = \dfrac{OR}{OP}$

此外，由 Farrell 所提出的现代公司效率评价法可知：

总经济效率 = 配置效率 × 技术效率

因此可以得出公式：

$EE_1 = TE_1 \times AE_1 = \dfrac{OQ}{OP} \times \dfrac{OR}{OQ} = \dfrac{OR}{OP}$

（2）产出导向型的测度（假定投入给定）

以上我们所假设的是单一产品的双投入状况，下面我们来探讨一下单投入双产出的情况，在这种情况下，规模报酬依旧是一定的。这种情况也就是产出导向性的测度，这种以产出为基本的效率评估中，主要看的就是在投入一定的情况下，要使 DMU 达到有效，产出数量增加多少才合适。我们可以用平面图示的方式来探讨上述情况，如图 2-4 所示，曲线 ZZ′ 是指生产可能性曲线，也代表着该公司的生产技术，由图 2-4 可以看出 A 点就是无效 DMU，因为它处于生产可能性曲线之下。

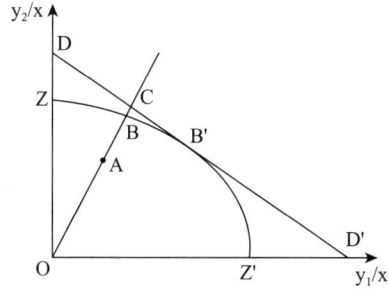

图 2-4 产出导向型的技术效率和配置效率

综上所述，用图示来说的话，产出主导型测度是指：AB 间的距离代表技术无效。换句话说，就是投入一定是，产出的增加区间。

产出导向型的技术效率表示为：$TE_O = \dfrac{OA}{OB}$

如果有价格信息，就可画等产量曲线 DD′。

配置效率表示为：$AE_O = \dfrac{OB}{OC}$

总经济效率可以表示为：

$$EE_O = TE_O \times AE_O = \dfrac{OA}{OB} \times \dfrac{OB}{OC} = \dfrac{OA}{OC}$$

通过以上的探讨论证我们已经知道了测度效率的方法。但遗憾的是，以上方法都是在理想状态下才能完成，它是我们假想的一种情况，缺少现实依据，也就是说，现实中不可能存在那种现象，总会有各种各样的偏差。要想得到真实有效的等产量线，必须获取可靠的样本数据加以分析。Farrell 曾提出两种方式来解决这一现实问题，一是将观察点处于所估计的等产量线的右方或下方，即使用非参数的分段线性法；二是通过拟合数据来解决，但这种方式依然需要采用各种形式的参数方程。

Farrell 所提出的效率测量法也是集优缺点于一体的几何体。它有着简单实用的强大优势，也因此备受推崇。但是这种研究方法的缺点也显而易见，这种研究方式需要在各种条件都是在理想状态下才能实现，它先提出假设，然后对相关参数进行估计，但是由于现实性，因此这些参数只具有一定的代表性，而缺乏全面性，因为这些参数不是对所有样本进行观察，所以由这种研究方式所得出的结果与现实情况有很大的误差，准确性不强，统计性质也不具备。尽管这种研究方式存在着不能回避的缺点，但是至今仍是最为广泛的一种测量方式。运用线性规划的方法构建非参数分段曲线，是十分有效的。

2.1.2 区域创新系统理论

1. 区域创新系统的内涵

对于区域创新系统的理论研究是近些年学者们比较关注的一个领域。自从国家创新体系产生后，在世界范围内掀起了研究热潮。区域创新系统的研究其实是利用国家创新系统理论研究特定区域范围内的创新问题。引发对这一问题的关注其实是因为在现实的经济发展中，美国硅谷神奇般的崛起，使人们发现一定地理范围内相似产业的聚集对区域创新及经济发展起到的重要作用。于是，1992 年英国卡迪夫大学的 Cook（1992）教授发表了一篇题为《区域创新系统：新欧洲的竞争规则》的文章，受到了学界的广泛重视和研究[1]。这篇文章成为研究区域创新系统理论的标志性成果。从这一刻开始，现实问题与理论研究实现了完美对接。

区域创新系统指的是在某一界定的地理范围内，能与其特有的资源产生相互作用，推进域内企业不断创新的组织网络。它与国家创新系统既有区别又有联系[2]。

首先，就创新系统的层次性而言，国家创新系统与区域创新系统是宏观与微观，整体与部分的关系，整体决定部分，部分又影响着整体。因此，区域创新系统的优良和运行状

---

[1] Cooke P. Regional Innovation Systems: Competitive Regulation in New Europe [J]. Geoforum, 1992, 23 (3): 365 – 382.

[2] Asheim B T, Isaksen A. Regional Innovation Systems: The Integration of Local 'Sticky' and Global 'Ubiquitous' Knowledge [J]. Journal of Technology Transfer, 2002, 27 (1): 77 – 86.

态的好坏，在很大程度上直接影响着国家创新系统的质量和效率。

其次，从创新产业结构的完整性来看，区域创新系统具有不完整性，而国家创新系统具有完整性。因为区域创新系统只限定在国家的某地理一范围内，某一产业的存活并没有上升到国家利益。在产业的存留问题上更多的是考虑市场竞争的因素而很少关注其社会影响。但是国家创新系统内具备竞争优势的产业会大力发展，不具备竞争优势，但是关系国计民生的弱势产业和需要被大力扶持，以使国家创新系统能够得到良性的发展，从而减少与发达国家的差距[1]。

第三，从创新资源的流动性来看，创新资源在区域内流动相对容易一些，而创新资源在国家创新系统内区域间流动容易受到地方保护主义、地理距离较远和转换成本较高等因素的制约。因此，创新资源在区域创新系统内的流动性要好于在国家创新系统内。

随着经济的发展，学者们越来越意识到经济增长方式应该由过去的以资源投入为导向逐渐转变为以创新发展为导向的方式[2][3][4]。因此，在这种转变下，创新就成为了区域经济发展的主要驱动力。区域创新是针对不同的区域所具备的资源条件（自然资源、资本、人才等）和经济、文化特色、发展适合本区域的创新成果，并最终形成产业化优势。传统理论中往往忽视创新、知识作用的凸显，重点强调区域的资源禀赋，认为区域间经济发展水平和技术先进程度是有差异的，因此得出区域的梯度转移型经济发展模式[5]。

今天，面对全球化竞争，区域的概念逐渐突显，全球资源配置和专业分工日益密集化和专业化，这就产生了一种新的趋势：那就是区域经济集中于那些要素优势鲜明的地区。因此，在区域经济发展中出现了一个创新现象——企业群。一般来说，域内寻求竞争优势的企业会自发聚集在一起形成一条完整的产业价值链：供应商（上游企业）——企业——销售商（下游企业）——消费者。它们相互之间有可能是协作的关系，也有可能是竞争的关系。过去，这种聚集是为了节约运输成本和转换成本，但今天，随着社会的发展和技术的进步，这种聚集更多是因为促进创新和发展的需要[6]。

集中在一起的厂商比单个孤立的厂商具有更好的经济效益，因为无论处在价值链的哪个环节上，集中在一起的厂商能够促进专业化供应商队伍形成，关键设备和服务变得更便宜、更好；另一方面，集中在一起的企业可以专注于自己最擅长的事，其他的业务可以进

---

[1] Liu X, White S. Comparing Innovation Systems: A Framework and Application to China's Transitional Context [J]. Research Policy, 2001 (30): 1091 – 1114.

[2] Cooke P, Morgan k. The Network Paradigm: New Departures in Corporate and Reginal Development [J]. Enviroment & Planning D, 1991, 11 (5): 543 – 564.

[3] Morgan K. The Learnling Region: Institutions, Institutions, Innovation and Regional Renewal Regional studies, 1997 (5): 491 – 503.

[4] Cook P, Uranga M G, Etxebarria G. Reginal Systems of Innovation: An Evolutionary Perspective [J]. Environment & Planning A, 1998, 30 (9): 1563 – 1584.

[5] Sheim R T, Smith H L, Oughton C. Regional Innovation Systems: Theory, Empirics and Policy [J]. Regional Studies, 2011, 45 (7): 875 – 891.

[6] Isaksen A, Kalsaas B T. Suppliers and Strategies for Upgrading in Global Production Networks: The Case of a Supplier to the Global Automotive Industry in a High – cost Location [J]. European Planning Studies, 2009, 17 (4): 569 – 585.

行外包；同时，集中的企业可以繁荣劳动力市场，便于劳动力的自由流动。可以说，企业群是市场发展的自然而然的结果，是符合市场规律的。因此，区域创新系统的理论来源有两个：区域创新系统理论的形成一方面是国家创新系统理论的分解和细化，另一方面是集聚效应理论。

2. 区域创新系统的构成要素

区域创新系统不仅是一个经济系统，更是一个社会系统。二者相互作用才形成区域创新系统的整体。由主体要素、功能要素和环境要素三大部分构成。具有输出技术知识、物质产品和效益三种功能，如图2-5所示。

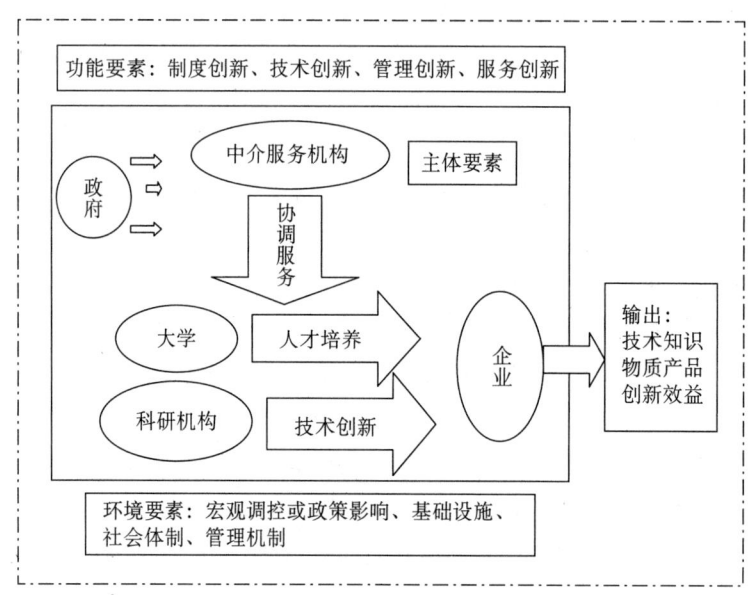

图2-5 区域创新系统图

3. 区域创新系统的功能

区域创新系统的构建是一个不断整合和协调各方面因素的结果，所以一个优良的区域创新系统，应该发挥以下功能[①]：

第一，整合功能。区域创新系统效率的高低在很大程度上依赖于系统自身的协调方式和协调内容。整合功能的发挥依赖于创新活动主体的内部和谐。协调内容包括市场失效时的协调和系统失效时的协调。市场失效时的协调是因为以市场为基础的活动在创新过程中或多或少都有内部技术条件以及外部市场的不确定性，因此会存在市场协调创新时的"失效"现象。系统失效时的协调是因为区域创新系统是一个复杂的社会系统，系统内的创新活动受制于历史形成的制度。如果各要素的质量好坏不一，不同要素结合后，再依赖于低效率的创新制度，那么就容易形成创新活动中的"系统失效"，而协调方式主要是通过制度创新和政策出台进行协调。

---

① 黄鲁成. 关于区域创新系统研究内容的探讨 [J]. 科研管理, 2000, 21 (2): 43-48.

第二，催化功能。不同地区的资源禀赋有很大的差别。区域创新系统能够实现跨地区整合相关要素，例如知识交流、跨区政策借鉴促进相互带动，搭建孵化平台，积极扶持"较差地区"。

第三，化险功能。化险功能主要是因为创新活动具有不确定性和高投入的特点，研发很难通过外部资本市场进行融资，而区域创新系统可以内在消化一定的风险，主要表现在为信息的支持减少了企业创新的封闭性和资源的有效保障，同时也降低了创新项目的风险系数。

第四，合理传播功能，创新技术类似于知识产权，在信息化的时代，掌握信息至关重要。而创新活动具有双面性，如果实施强有力的创新保护政策，在很大程度上保护了创新者的创新行为，使创新产品和服务具有不可复制性，创新效果与收益可以持续得到。但是，人为设置技术障碍，不利于技术扩散，也不利于地区经济的发展，进而造成整个社会福利的损失；反之，如果不实施创新保护政策，虽然有利于整个社会福利的推进，但会影响创新者持续创新的积极性。区域创新系统可以在这二者之间维持一个平衡。

第五，激活中小企业。技术创新有很大的不确定性，创新活动的实现需要明确的产权激励、灵活的决策机制、敏锐的市场洞察力等因素和条件。而民营科技型的中小企业更加符合这些特质。它们在创新体系中能够引领潮流，当革命性的新技术出现时，国有企业，大型企业往往因为对传统技术的依赖和大量的存量资产而犹豫不前，但中小型企业却可以发现机会并抓住机会，以更高的热情，积极尝试，推动新技术的变革。

第六，产品创新与成果转化。如今市场经济逐步发展，创新是企业发展的重要推动力。在产品的创新过程中，科技成果能否向商品化及产业化方向成功转型是至关重要的。产品方面的创新离不开技术创新，它在科技成果的转化方面具有双重性。一方面，模仿、借鉴国外先进经验的基础上，通过技术创新实现技术组合或二次开发，生产满足消费者需求的低消耗高附加值的产品。另一方面，是指产品的市场化，通过技术创新对资源进行合理配置以此实现产业的转型升级，获得盈利和适合的市场竞争地位[①]。但是，科技成果转化不能依靠自发行为来实现，它必须有配套的技术创新机制相结合。技术创新不是一蹴而就的，它是一个连续的过程，整个过程包括引入相关技术成果、对该成果进行合理的技术经济方面的评价、投入相应的生产要素、执行生产行为、获取效益、对该成果大范围地使用等方面，技术创新是一个连续的过程，只有将技术创新融入以上每一个环节中，才能促成科技产业的形成和发展。

因此，技术创新能够极大地促进科技成果向更高的产业层次转型升级，从而促进产品创新，最终能够产生巨大的商业效益，提高产品在业界的竞争力，生命力更加持久、旺盛[②]。它不仅是成果产业化的推动力，更是产业升级的灵魂。

为了实现本国经济增长并提高其在全球经济中的竞争力，自从20世纪90年代以来，

---

① 胡志坚，苏靖. 关于区域创新系统研究 [N]. 科技日报，1999-1-16（7）.
② 傅利平，王向华，王明海. 区域创新系统研究综述 [J]. 生态与农村环境学报，2011，27（6）：8-13.

各个国家争先恐后实施区域创新发展战略①。一些发达国家例如加拿大、英国、澳大利亚等国都制定了非常明确的创新战略。而另一些国家，虽然没有制定明确的创新战略，但是也在态度和政策上积极支持创新活动。如美国奥巴马总统在任期间为奠定未来创新型经济的基础迈出了历史性的步伐。仅在《复兴法案》之中，总统承诺用 1000 多亿美元的资金来支持突破性的创新，主要投资于能源、基础研究、教育培训、先进车辆技术、创新计划、健康科技和健康研究、高速铁路、智能电网和信息技术等。1998 年，欧盟发表了《创新绿皮书》，呼吁创新问题应该在一个广泛的领域内受到重视。后来，在佛罗伦萨举行的欧洲各国首脑会议上，欧盟委员会受邀起草了第一个创新行动计划。2000 年 3 月，欧盟在里斯本举行特别首脑会议，这次会议起草并通过了欧盟 10 年发展规划（即"里斯本战略"），在通过经济改革来促进就业与经济发展上各国领导人达成共识：其战略目标就是通过科技创新推动经济发展，在 2010 年之前实现"以知识为基础的、世界上最有竞争力的经济体"。我国在"十五"计划《纲要》首次提出"建设国家创新体系"，许多省市也在此框架和要求下构建了本区域创新体系计划，积极推进创新活动，促进本地区经济发展。

2.2 相关文献梳理与述评

2.2.1 区域高技术产业创新效率评价的文献述评

高技术产业是推动国家创新战略实施的重要阵地，因而学界研究人员和实践管理人员对其重视程度逐渐加强。

1. 国内外学者的研究

从前面的分析可知，现代效率的测度由 Farrell 首创。Farrell 开创了一种实用高效的测度方法，这种方法全方位考虑投入效率，是一种单位化（取值在 0—1）的研究方式②。此外，他还提出用生产前沿面测度效率。自从这一概念提出以后，得到了众多国内外学者的赞同和追随。

国外学者对这一方法的研究早于国内，代表理论有：

1995 年，Perelman 运用随机前沿分析和数据包络分析方法测算比较了经济合作发展组织的成员国的 8 个工业部门技术创新、技术效率以及全要素生产率之后得出结论：技术进步和技术效率的提高能促进全要素生产率的提高③。

1997 年，Fare 和 Grosskop 二人在测算、对比亚太经济合作组织的成员国国家 1975—

---

① 胡志坚. 国家创新系统——理论分析与国际比较 [M]. 北京：社会科学文献出版社，2000：35 - 38.
② Farrell M J. The Measurement of Productive Efficiency [J]. Journal of the Royal Statistical Society, 1957, 120 (3): 253 - 281.
③ Perelman S. R&D, Technological Progress and Efficiency Change in Industrial Activities [J]. Review of Income and Wealth, 1995, 41 (3): 349 - 366.

1990 年的技术效率时使用了 DEA 方法[①]。

2000 年，Koop、Osiewalski 和 Steelm 将创新活动的产出方面分为三个方面，分别是效率变化、技术变化、投入变化（这三个方面就是通过贝叶斯随机前沿分析法得出的结果）。后来，经济合作发展组织的成员国 10 年间的经济发展数据也证明了这一方法存在的合理性[②]。

2001 年，Kim 和 Han 利用韩国制造业 1980—1994 年的数据，借助于随机前沿分析方法，对全要素生产率分解，研究了技术效率的变动情况。结果显示：技术进步是推动生产率增长的主要因素，具体来说，技术效率对生产率的变化有正向作用，分配效率对生产率的变化有负向作用[③]。

2003 年，Nasierowski 和 Arcelus 利用 DEA 方法，对 45 个国家研究与开发霍东阁的创新效率进行了测算后得出一个结论，即生产率的变化与技术创新规模大小及研究与开发时的资源配置情况有关[④]。

2008 年，Sharma 和 Thomas 在对 22 个国家的创新效率进行测度分析后（采用 DEA），得出结论：一些具有代表性的发展中国家，如：中、日、韩、印等国的研发资源基本能够得到合理配置与有效利用，原因是它们正处于创新的前沿面[⑤]。

2012 年，Cullmann、Schmidt 和 Zloczysti 在利用数据包络分析法评价了经济合作发展组织在 1995—2004 年的知识型生产力水平之后认为，降低进入门槛会因为竞争力的增强而激发创新主体更大的创新愿望，也能够促进资源的合理配置，从而提高研发效率[⑥]。

以上是国外的一些研究成果，国内的相关研究虽起步较晚（21 世纪初起步），但迄今为止也取得了不俗的成绩，主要成果如下：

2006 年，周勇以我国 31 个省份为样本，采用 SFA 方法，估计了 1998—2003 年的前沿生产函数，计算出观测年分内区域高技术创新效率值，并得出结论，我国区域间的高技术创新效率差异明显，效率较低，但是近些年效率值都呈上升趋势[⑦]。此外，张宗益抽取了 31 个省份的数据面板，研究分析后得出与周勇一样的结论[⑧]。

2007 年，李习保也采用上述方式，在分析了我国各区域 1998—2006 年的有关创新活

[①] Fare R, Grosskop S. Efficiency and Productivity in Rich and Poor Countries [C]. Ann Arbor: University of Michgan Press, 1997: 243-263.

[②] Koop G, Osiewalski J, Steelm F. The Components of Output Growth: A Stochastic Frontier Analysis [J]. Oxford Bulletin of Economics and Stats, 2000, 61 (4): 455-488.

[③] Kim S, Han C. A Decomposition of Total Factor Productivity Growth in Korean Manufacturing Industries: A Stochastic Frontier Approach [J]. Journal of Productivity Analysis, 2001 (16): 269-281.

[④] Nasierowski W, Arcelus F J. On the Efficiency of National Innovation Systems [J]. Socio-Economic Planning Sciences, 2003, 37 (3): 215-234.

[⑤] Sharma S, Thomas V J. Inter-Country R&D Efficiency Analysis: An Application of Data Envelopment Analysis [J]. Entometrics, 2008, 76 (3): 483-501.

[⑥] Cullmann A, Schmidt E, Zloczysti P. R&D Efficiency and Barriers to Entry: A Two Stage Semi-Parametric DEA Approach [C]. Oxford Economic Papers, 2012, 64 (1): 176-196.

[⑦] 周勇. 我国区域技术创新效率的实证研究 [D]. 重庆：重庆大学，2006.

[⑧] 张宗益. 基于 SFA 模型的我国区域技术创新效率的实证研究 [J]. 软科学，2006, 20 (2): 125-128.

动的数据以后，得出结论，对科技的利用程度以及政府的支持度是影响技术效率高低的重要因素[①]。

2008 年，唐德祥、李京文、孟卫东三人，利用 SFA 方法研究了我国东、中、西部的研究与试验性发展活动和技术效率间的相互关系，得出一个较为严肃的结果：尽管我国三大经济区域的研发效率呈现一种持续健康的发展态势，但不可否认的是，三大经济区域间的创新效率差距在逐步拉大[②]。

2009 年，官建成、陈凯华综合运用数据包络分析的相关模型，对中国的高技术创新活动进行了测度（主要包括技术和纯技术效率、规模效益等方面），最后得出结论，在高技术创新活动中纯技术效率值较高，但由于规模效益差，所以规模效率形式不佳。研究还发现，高技术产业主要是因为技术改造经费投入冗余较为严重且潜力不足而导致了未达到技术有效的状态[③]。同年，余泳泽也发表了自己的看法，他认为，从价值链的角度更能阐释高技术中的创新效率状况。他首先将高技术创新活动分为技术开发与科技成果转化两个阶段，然后利用 DEA 模型中的松弛变量模型对这两个阶段的效率与影响因素进行分析。最后得出结论，两个阶段的效率之所以会降低就是因为纯技术的无效，因此，技术的进步取决于生产力的发展。此外，若从价值链的视野来看，这两个阶段的效率还有很大的提升空间，但是提升要依靠"有形的手"去自我调节，"无形的手"去宏观调控[④]。

2011 年，张清辉、王建品运用 DEA 模型（BC^2 模型）对中国高技术产业的创新活动进行了测度分析，得出了各行业自主创新的技术效率和规模效率，并通过投影分析，提出了非有效单元如何进行有效性调整的有关建议[⑤]。同年，王伟运用改进的数据包络分析模型——对抗交叉评价法再次对中国的区域高技术产业创新效率进行评价：首先将传统 DEA 模型的评价数据与"弱标准指数"进行对比，得出相应结果后，在此基础上获取评价高技术产业创新效率的关键指标，即"标准指数"，以上步骤完成后，即可根据所获得的关键指标做出综合的测度分析[⑥]。也是同年，赵琳，范德成同样对中国高技术研发活动进行评价，但他们将研究视野由区域转向具体的行业，即测算中国 5 个高技术行业在 1996—2008 年的技术创新效率，对此，他们采用了因子分析定权法。他们从纵横两个视角分析并描绘了这些行业之间在 1996—2008 年的技术创新效率的差异和演变趋向[⑦]。

---

① 李习保. 区域创新环境对创新活动效率影响的实证研究 [J]. 数量经济技术经济研究, 2007, 24 (8)：13 - 24.

② 唐德祥, 李京文, 孟卫东. R&D 对技术效率影响的区域差异及其路径依赖——基于我国东中西部地区面板数据随机前沿方法 (SFA) 的经验分析 [J]. 科研管理, 2008, 29 (2)：115 - 122.

③ 官建成, 陈凯华. 我国高技术产业技术创新效率的测度 [J]. 数量经济技术经济研究, 2009 (10)：19 - 33.

④ 余泳泽. 我国高技术产业技术创新效率及其影响因素研究——基于价值链视角下的两阶段分析 [J]. 经济科学, 2009 (4)：62 - 74.

⑤ 张清辉, 王建品. 基于 DEA 的中国高技术产业自主创新效率评价 [J]. 科技管理研究, 2011, 31 (10)：9 - 13.

⑥ 王伟. 基于改进 DEA 的中国高技术产业技术创新效率研究 [J]. 科技进步与对策, 2011, 28 (17)：119 - 124.

⑦ 赵琳, 范德成. 我国高技术产业技术创新效率的测度及动态演化分析——基于因子分析定权法的分析 [J]. 科技进步与对策, 2011, 28 (11)：111 - 115.

2012 年我国的相关文献较为丰富，在余泳泽以后，肖仁桥、钱丽、陈忠卫，三人再次从价值链的角度探讨高技术创新效率。他们将高技术创新活动分为技术开发与科技成果转化两个阶段后也进行了一系列的实证分析，主要是探讨两阶段是否有较为密切的关系。最后得出结论，我国高技术创新活动在两阶段内的创新效率在近些年内有上升趋势，但是相对来说维持一种较低的状态。造成这一状况的因素有两个方面，从微观来看，是企业自身原因，例如对知识的利用效率低下（这一点与企业规模等相关），或是科技成果的转化时出现障碍（这一点在于劳动者素质及企业的产业结构）；从宏观来看，对创新效率产生影响的主要是政策福利、金融支持。综上所述，要使高技术创新效率有一个质的飞跃，必须要重视对知识的利用程度（如开展产学研合作机制等），提供强有力的政策支持和金融支持。此外，也要完善与此相关的法律法规，推动科技成果的高效转化①。随后，他们又以两阶段的价值链为基本，重新构建了数据包络分析模型，这一模型是在规模报酬可变的情况下，考察中国皖、京、津、沪、苏、浙及粤等 7 个省市在 2005—2009 年的高技术创新效率，最后发现安徽省的高技术创新效率比较低，研发活动的资源利用模式不理想和科技成果转化效率低成为制约安徽省高技术产业创新效率提升的共同因素②。同年，尹伟华通过构建网络 SBM 模型和 Tobit 模型，得出了与上述相似的结论。他明确了我国目前占据主流的创新模式（即以模仿和改进为主，创新为辅）。在这一模式下，高技术产业创新效率值较低，而且省与省之间的差异逐步扩大，中国三大经济区域之间呈现一种明显的"阶梯分布"状态。他还指出造成高技术产业创新效率低下的主要原因并不仅仅是科技成果转化受阻这一阶段，而是全方位的因素，因此亟需提高区域的经济实力，转变经济发展方式，加大政府的支持力度以及保证高科技人才的充裕③。

　　2012 年，张经强（2012）运用 DEA 方法，测度分析了北京 5 个高技术行业的创新效率，最后发现，这 5 个行业的创新效率呈现一种明显的上升趋势，但是分布并不均匀，航空航天制造业与电子计算机行业之间存在着两极分化的现象。为了改善这一现象，张经强指出，若要提高各行业的创新效率，并且使各个行业的创新活动协调发展，就必须要优化资源配置，最大化地利用现有资源，大力激发科技人员创新活动的积极性等。以上这些措施对于提高创新活动产出的市场占有率有重要作用④。

　　2013 年，戚宏亮、王翔宇利用主成分分析法对 2006—2010 年黑龙江地区五大高技术行业的创新效率进行测算，得到结论，五大高技术行业创新效率较低，各地区之间效率差异显著⑤。

---

① 肖仁桥，钱丽，陈忠卫. 中国高技术产业创新效率及其影响因素研究 [J]. 管理科学，2012，25（5）：85 - 98.
② 钱丽，陈忠卫，肖仁桥. 安徽省高技术产业创新效率研究——基于两阶段价值链的视角 [J]. 技术经济，2012，31（8）：50 - 58.
③ 尹伟华. 中国区域高技术产业技术创新效率评价研究——基于客观加权的网络 SBM 模型 [J]. 统计与信息论坛，2012，27（8）：99 - 106.
④ 张经强. 北京高技术产业技术创新效率评价——基于 2001—2009 年的经验分析 [J]. 科技管理研究，2012，（20）：67 - 71.
⑤ 戚宏亮，王翔宇. 黑龙江高技术产业技术创新效率评价 [J]. 科技管理研究，2013，33（3）：51 - 54.

2014 年,桂黄宝率先采用 DEA – Malmquist 在测度我国高技术产业效率前提下构建了空间计量面板模型,通过这一过程对高新技术产业创新效率的关键要素进行了探究。其中表明:①高技术产业创新效率的影响因素包括区域间的相关性、企业规模、劳动力素质对外开放水平等,其中具有消极影响的因素是区域间的相关性,其他则具有明显的积极作用,此外资本投入的影响也是存在的但效用并不显著。②中国高技术产业创新效率虽有上升的可喜现象,但是从技术效率和规模效率两方面来说,他们所呈现的倒退状态也令人堪忧①。

2014 年,冯志军,陈伟针对传统 DEA 模型的不足,改进了高技术产业创新效率的评价方法,通过对技术开发与科技成果转化两阶段过程中的资源进行约束的方式构建了新的 DEA 模型。他们在构建这一模型时充分考虑到了"初始投入在两阶段间的分配结构"和"子阶段间的关联程度",随后运用这一模型评价分析中国高技术产业中的十七个细分行业的创新效率,这一效率评估结果是通过分析评价两个子阶段的效率和初始投入时的分配结构获得的。此次实证分析得出的结论是:所选取的这 17 个细分行业无论是从技术效率方面来说还是从规模效率方面来说,创新的效率值都很低。不过,正因为如此,今后才会有较大的上升空间。所以对这些行业而言,应该全面考虑各方情况,有效利用现有资源,着力提升整体及各子阶段的创新效率②。

2015 年,董艳梅、朱英明构建了两阶段动态网络模型,知识创新阶段 P^t 采用投入导向 BC^2 模型、科技成果商业化阶段 P^{t+1} 采用产出导向 BC^2 模型,并依靠 DEAP2.1 测度评价了中国高技术产业创新效率。最后发现,尽管中国高技术产业创新的整体效率是偏低的,但 P^t 阶段效率高于 P^{t+1} 阶段效率;60% 以上省份属于非 DEA 有效省份,存在改进空间,且 P^{t+1} 阶段改进空间更大;70% 以上省份属于规模收益递增省份,且主要发生在 P^{t+1} 阶段,中西部地区规模收益递增省份数量均超过相应阶段的东部地区;投影分析显示,P^t 阶段投入改进幅度是远低于 P^{t+1} 阶段产出改进幅度,而且对于非技术有效省份来说其投入产出的改进幅度更大③。

2016 年,代明、刘可新、陈俊在测度分析中国高技术产业创新的乐观效率与悲观效率时运用了双前沿面 DEA,对比了"最优"的决策单元和"最差"的决策单元,最后结果用几何平均效率来表达,得出了中国高技术产业创新效率不高的结论,22 个产业的研发创新效率差异较大的结果。最后提出,中国高技术产业在保持投入的同时,应着重提升科技成果转化能力④。

2. 文献简要述评

在查阅梳理文献的过程中,笔者发现近 10 年来学界集中于高技术产业创新效率评价的研究甚多,主要可以分为以下三方面:

---

① 桂黄宝. 我国高技术产业创新效率及其影响因素空间计量分析 [J]. 经济地理,2014,34 (6):100 – 107.
② 冯志军,陈伟. 中国高技术产业研发创新效率研究——基于资源约束型两阶段 DEA 模型的新视角 [J]. 系统工程理论与实践,2014 (5):1202 – 1212.
③ 董艳梅,朱英明. 中国高技术产业创新效率评价——基于两阶段动态网络 DEA 模型 [J]. 科技进步与对策,2015,32 (24):106 – 113.
④ 代明,刘可新,陈俊. 中国高技术产业研发创新效率研究 [J]. 中国科技论坛,2016 (1):5 – 10.

（1）评价指标

根据以上对效率定义的辨析，本书所界定的创新效率的概念应该是：在一定的时间范围内及社会经济条件下，创新主体在进行创新行为时所得到的一个比率关系，即投入与产出间的比率。高技术产业创新效率也包括区域高技术产业创新效率，它是指在某一特定区域内，由区域内高技术产业完成的区域总量层次的创新投入与产出之间一定的量化关系。综上所述，区域高新技术产业创新投入与产出是研究区域高技术产业创新效率的必要指标。1964年，经合组织（OECD）在编写《弗拉斯卡蒂手册》时，对技术创新的指标进行了明确划分，共三类：投入指标、产出指标、影响指标。首先，投入指标即是在进行创新活动时所投入的一系列资源，如人力、物力、财力等；其次是产出指标，它是相对应于投入指标而言的，是指创新活动所产生的劳动成果，如文学作品的创作；最后是影响指标，顾名思义，影响指标是指创新活动对社会、政治、经济等各方面所带来的影响，如经济效益的增加。从三类指标的主体来看，这种划分方式有一定的科学依据[1]。由于考虑到影响指标更多衡量的是创新活动所产生的绩效结果，而我们衡量的是创新的效率，从前面对于效率的概念的界定，学界仅仅关注投入与产出两方面的指标。

现实的研究中，在对高技术产业创新效率投入与产出指标的选择上是有所不同的，其中国内外学者对投入指标选择上的看法比较一致，都认为人才和资金支持是创新的必要条件，具体来讲是R&D费用和科学家及工程师等从事高科技行业的人员数量这两项指标[2]。在产出指标的选择上是有一个探索过程的，迄今为止，专利权的申请数量仍是衡量产出指标大小的最佳选择，但这一选择并不是"百利而无一害的"，因为专利的申请标准受时代、社会形势、人为主观情感等方面的制约。尽管如此，它还是一种较为客观标准的指标，因此国外学者常常以此作为创新能力的基本指标[3][4][5][6][7]。此外，为了防止人为的操控，在申请专利时采取了实践验证法，巩固了这一产出指标的稳定性。随后，创新效率评价指标的选取出现了多投入、多产出的趋势。如表2-1所示。

---

[1] 张治河，赵刚，孙丽杰等. 全球化背景下R&D调查的标准——《弗拉斯卡蒂手册》（第六版）述评[J]. 中国软科学，2007（11）：157-160.

[2] 郑坚，丁云龙. 高技术产业技术创新效率评价指标体系的构建[J]. 哈尔滨工业大学学报（社会科学版），2007，9（6）：105-108.

[3] Grilrches Z. Patent Statistics as Economic Indicators: A Survey [J]. Journal of Economic Literature, 1990, 28 (4): 1661-1707.

[4] Arundel A. What Percentage of Innovations is Patented? Empirical Empirical Estimates for European Firms [J]. Research Policy, 1998, 27 (2): 127-141.

[5] Arundel A. The Relative Effectiveness of Patents and Secrecy for Appropriation [J]. Research Policy, 2002, 31 (6): 899-933.

[6] Jeffrey L F, Michael E P, Scott S. The Determinants of National Innovative Capacity [J]. Research Policy, 2002, 31 (6): 899-933.

[7] Zoltan J A, Luc A, Attila V. Patents and Innovation Counts as Measures of Regional Production of New [J]. Research Policy, 2002, 31 (7): 1069-1085.

表 2-1　　　　　　　　高技术产业创新效率常用评价指标

投入指标	人力	R&D 活动人员折合全时当量	产出指标	研发产出	专利申请
		科技活动中科学家和工程师（比例）			拥有发明专利
		R&D 中的科技人员（比例）			新产品开发项目数
	物力	R&D 支出的资本存量		经济效益产出	技术市场成交额
		固定资本的存量			
	资金	R&D 经费内部支出			新产品产值、销售收入、出口额
		科技活动经费筹集额中企业资金、金融机构贷款、政府资金			
		新产品开发经费支出			高技术产业总产值、利润、利税
		购买国内技术经费支出			
		技术引进、改造、消化吸收经费支出			

（2）评价方法

高技术产业创新效率评价、测度研究的基本思路可以概括为：选取创新的投入和产出指标，利用非参数估计（主要是数据包络分析 Data Envelopment Analysis，DEA）和参数估计（主要是随机前沿分析，Stochastic Frontier Analysis，SFA）测度创新活动的效率，针对效率结果，提出政策或建议。当然，这两种分析方法测度的效率结果并不一致，在运用两种方法分析效率时，需要根据评价目标谨慎、合理地选择，不同的方法会导致完全不一致的分析结果。表 2-2 是 DEA 和 SFA 方法在多个方面具体的比较。

表 2-2　　　　　　　　DEA 和 SFA 方法比较

比较项目	DEA	SFA
是否为参数方法	非参数方法	参数方法
理论基础	数学规划	经济计量学
是否考虑随机影响	否	是
关于效率假设	存在无效率	存在无效率
行为假设	无（考虑配置效率除外）	无
可测算范畴	技术效率、规模效率、配置效率	技术效率、规模效率、配置效率、技术进步、TFP 变化
所需要变量	投入产出数量	投入产出数量
处理指标	多投入多产出	多投入单一产出
可处理数据类型	截面数据、面板数据	截面数据、面版数据

经典的 DEA 模型是一种比较简单的单向转换模式，整个生产过程就是单方面地从输入转到输出，它的结构单一，没有子系统。但是，这种简单的"黑箱"转换模式已经不适应全方位、多层次的时代要求，于是近几年的研究出现了 DEA 的拓展形式，主要以两阶段 DEA 和三阶段 DEA 为主。

其中两阶段 DEA 形式的效率分解有两大不可忽视的不足,一种是当两阶段相互独立时,二者之间缺乏联系;另一种可能是这两个阶段不是独立的,但却进行了简单的平均分配,因此在权重系数选取方面主观性过强。这两类不足不是同时发生,但任何一种情况的出现都会降低高技术的创新效率。

三阶段 DEA 模型是建立在经典 DEA 模型之上的,它与前两者模型对比而言,在准确性方面更具优势(原因是它应用了 SFA 理论,可以消除前两种模型的一些制约因素),因此逐渐被广泛使用,但它的发展也是一个持续改进的过程。2002 年在 Fried 等人的论文中最早被提出[1]。2008 年,我国开始出现与三阶段 DEA 模型的相关的论文,此后,对这类模型的研究论文也逐步增加[2][3][4][5],但是,在实际应用中,不同的研究人员在细节上存在着差异,因此,对此模型的应用我们还不成熟,有待深入研究,具体表现在对第二阶段的最大似然估计值参数的计算方法不同,以及管理无效率的推导公式不同。三阶段 DEA 模型还存在一些问题有待进一步探讨与统一。

从以上的分析可以看出,在创新效率评价研究方面,无论是采用 DEA、SFA 还是两阶段 DEA、三阶段 DEA,每一种方法既有优点又有缺点,用不同的方法得到的评价结果也不尽一致,因此,现实中并不存在最优的方法,只要这种方法能很好地服务于要论证的问题,研究方法不存在过时之说。本书所研究的高技术产业创新效率其实质就是创新投入与产出之间的一种配置效率与转化效率,也就是说是一种相对效率。而且,创新投入和创新产出都包含着多变量和不同量纲,无法准确地测量出绝对效率。而 DEA 方法就能够解决投入产出多变量且量纲不同的影响,对不同地域高技术产业的创新效率进行综合的评价和比较。况且,该方法成熟,运用广泛。因此,本书高技术产业创新效率评价的方法选取 DEA 分析。

(3) 现有研究的不足之处

在对现有评价研究的文献进行归纳总结时,我们也发现了一些不足之处:

第一,概念界定不清。在查阅文献的过程中,发现很多学者将创新效率、创新绩效的概念混用,未做严格地区分。甚至还有些文献,题目用的是创新效率,但书中多次用"创新绩效"替代"创新效率"。正如上文中分析,简而言之,效率 = 结果 ÷ 成本;绩效 = 结果 + 行为,二者不可混为一谈。

第二,评价方法有所欠缺。在理论研究中,较多的文章在评价了效率的同时还探究了效率的影响因素,尤其是部分文献习惯用 SFA 方法来研究创新效率的影响因素,在实证

---

[1] Fried H O, lovell C K, Schmidt S S, et al. Accounting for Environmental Effects and Statistical Noise in Data Envelopment Analysis [J]. Journal of Productivity Analysis, 2002, 17 (1): 157 – 174.
[2] 王家庭,张容. 基于三阶段 DEA 模型的中国 31 省市文化产业效率研究 [J]. 中国软科学, 2009 (9): 74 – 83.
[3] 钟祖昌. 基于三阶段 DEA 模型的中国物流产业技术效率研究 [J]. 财经研究, 2010 (9): 80 – 90.
[4] 郭军华,倪明,李邦义. 基于三阶段 DEA 模型的农业生产效率研究 [J]. 数量经济技术经济研究, 2010 (12): 27 – 38.
[5] 李琳. 基于三阶段 DEA 模型的中国信息产业效率实证研究 [J]. 统计与决策, 2011 (16): 84 – 86.

研究的过程中，常常会出现实践结果的准确性受损，原因就是人们在事实论证时考虑问题不够全面，忽视了模型中变量的单位根检验及计量模型协整关系检验。此外，在这一研究过程中，回归参数会出现偏差也是常有的后果，因为在研究影响创新的因素及效率时大多数文献都没有提及变量空间相关性对回归模型参数估计的影响。

第三，评价视野狭窄。我国在进行区域高技术创新效率评价时过于呆板，只是单一地研究某一区域的发展情况，但是区域发展与国家发展是相辅相成的，因此有必要将区域的高技术创新效率置于国家的宏观经济背景之下，大处着眼，小处着手，在衡量区域高技术创新效率的投入与产出时及时关注宏观经济活动的背景与影响，这也迎合了我国长久以来的宏观调控的目标。关于"微观"与"宏观"的关系处理，国外的区域高技术创新效率方面有着较为成熟表现，在合理把握二者联系的基础上进行系统的综合性研究，这种方法也逐渐应用到区域政策的宏观效应的评价上。以下是国外利用微观与宏观相结合的评价法所取得成功的经典案例：

2003年，Bradley、Morgenroth和Untiedt三人在评价欧盟的基金存量对欧盟内穷困成员国的资助效果时采用了这种方法[1]；

2004年，Varga和Schalk利用该方法评价了匈牙利相关区域政策对国家宏观经济的影响[2]；

2008年，Graeve、Kick和Koetter将这一评价法应用到德国央行的货币政策与财政政策之间的稳定性评价[3]。

由以上三个案例可知，无论是微观—宏观的研究法还是从宏观—微观的研究法，都需要将二者结合，不能单一地对某一区域或主体进行评价，同样也不能不考虑区域性状况就进行直接的宏观调控，不过，这种研究评价法虽然在实际应用中卓有成效，但相关文献还比较少，尤其是国内的情况，理论与实践都十分匮乏。

2.2.2 区域高技术产业创新效率差异研究的文献述评

在梳理文献的过程中，本书发现：对于区域高技术产业创新效率的差异，现有的研究大都利用各类研究方法测算了不同区域的效率值，差异也仅仅反映在效率值大小的不同，并未考虑从空间关联角度去展现差异的全貌和探寻差异的来源。因此，在理论研究方面，现有诸多文献中并未考虑空间因素的影响。或者说，学者们默认"空间"是"均质"和"无差别的"，但实际中，"空间"却是"异质"和"有差别的"。正如现代区域科学之父沃尔特·艾萨德所指出的，经济学分析的整个过程都是缺乏现实土壤，是悬浮在空中的。经济学研究对"空间"的忽略在很大程度上与现代经济学研究的模型化发展趋势紧密相

---

[1] Bradley J, Morgenroth E, Untiedt G. Macro–Regional Evaluation of the Structural Funds Using the HERMIN Modeling Framework [C]. ERSE conference papers, 2003, 3 (3): 1–28.

[2] Varga A. Schalk H. Konowledge Spillovers, Agglomeration and Macroeconomic Growth: An Empirical Approach [J]. Regional Studies, 2004, 38 (8): 977–989.

[3] Graeve F D, Kick T, Koetter M. Monetary Policy and Financial (in) Stability: An Integrated Micro–Macro Approach [J]. Journal of Financial Stability, 2008, 4 (3): 205–231.

关。现代经济学越来成为一门模型的学问，其研究方法越来越模型化、工具化，"只有可以模型化的思想才会得到垂青"。"空间"因素长期未能真正被纳入主流经济学的研究框架，从方法论的角度讲，这一方面是由于空间经济学的先驱没有用模型化的方法来表达他们的思想；模型化的方法是一种理想状态，不具有现实性，只能在假想的状态下实现。因为现实中的经济活动是一种动态的行为且收益规模呈现递增的趋势，而模型中的"空间"因素是假设收益规模不变的或递减的，因此很难将其具体化，也正是因为这个原因，如今学术圈很少有针对空间经济学模型的研究，所以直接导致了一些对研究经济活动极为重要的空间经济学理论没有得到主流经济学人士的重视，甚至被埋藏。但现实中，人类的任何活动都离不开空间因素的影响。在理论上我们不仅要回答"生产什么（what）""怎样生产（how）""为谁生产（who）"等问题，还要回答"在哪里生产（where）"的问题，而这就涉及"空间"研究领域。因此，在现代经济学中真正引入"空间"因素，甚至将现代经济学从一门单纯的时间维度的经济学发展成为包括时间与空间两个维度的"时空"经济学就非常有必要了。值得庆幸的是，随着数理分析技术和计算机处理技术的不断进步，经济学家们开始尝试把"空间维度"纳入到现代经济学的分析框架中。近年来，空间经济学、新经济地理学与空间统计、空间计量经济学得到了很大的发展，与传统的区域经济学、城市经济学及经济地理学一样，它们将"空间"作为共同的研究范畴。

另一方面，空间经济理论得到快速的发展，空间经济学逐渐得到主流经济学的认同，也有很大一部分原因可能是理论与实践的相互印证能力得到了提高。在事实论证分析方面，空间统计与经济计量学的发展有着不可忽视的作用。它是对传统计量经济学继承与发展，传统的计量经济学模型中总是以假设相关条件作为主要的实证分析工具，这一假设法在进行区域经济分析时就会失效，因为在区域间获取的样本之间是存在着千丝万缕的关系的。因此，在进行区域经济分析时，要适当引入空间统计和空间计量经济分析方法。当然，空间统计与空间计量经济学也不是抛弃所有的经典统计与经典计量经济学技术，而是对这些技术加以修改，使它们适用于空间数据分析。另外，空间信息系统（GIS）的发展，Matlab、Stata、SAS等软件中相关空间分析程序的开发，特别是ArcGIS、GEODA等空间分析软件的运用，使空间经济学的实证分析更为方便。所以，在对比各区域间高技术创新效率的差异时，力求加入空间因素的考量，利用ArcGIS、GEODA等空间分析专业软件进行实证研究以及可视化的展现，以填补以往研究中的不足之处[①]。

在理论研究中对于区域高技术产业创新效率的空间差异研究比较鲜见，进而探寻其空间差异影响因素的研究更是少之又少。大多数的研究热衷于以下两方面的分析与论证：

1. 高技术产业创新效率的影响因素

2012年，成力为、孙玮从创新结构红利的成本视角来探讨我国高技术产业的自主创新发展状况，是通过分析三阶段Cost – Malmquist指数将我国高技术产业创新活动的资源配置效率分为价格前沿变化和分配效率，此时的分配效率是指企业家要素的组合效率。通过

---

① 戴维·W·S·黄，杰·李. ArcView GIS与ArcGIS地理信息统计分析 [M]. 北京：中国财政经济出版社，2008：1-6.

这种方法的分析，他们二人发现，当我国高技术产业的内部部门的分配效率提升时，却面临着价格约束要素畸形发展的困境，也就是说，二者没有做到同步发展，而是形成一种反比关系，所以直接导致了创新活动中资源无法做有效利用，不仅如此，还会影响到创新活动中结构红利的获得，最后阻碍了高技术产业创新效率的提升。此外，他们二人还利用动态面板数据模型分析市场对创新行为的影响力，得出以下三个结论。首先，若要提高自主创新资源的配置效率，必须要完善信贷市场、金融市场以及相应的技术市场，通过缓解长期甚至短期的价格约束要素畸形发展的状况，使要素价格接近边际成本的前沿面，以此提高分配效率，最终达到高技术产业自主创新活动中资源有效配置的目的；其次，对内开放的策略在提高自主创新效率中战略地位要高于对外开放的政策，因为对内开放程度与内部部门要素价格影响力成正比。所以，要提高企业的自主创新效率，对内开放程度也是重中之重；最后，国家层面的宏观调控在提高自主创新效率时也发挥着重大作用，如政府提高税收时虽然会对创新成本有一定的约束，促使企业提高资源配置的效率，但随之而来的是分配效率的降低及科技人员创新积极性的下降[①]。

2013年，戴万亮、杨皎平、敖丽红首先采用层次分析法和SE-DEA模型评价了有关创新的政策制度对研究与开发活动效率的影响，然后用SE-DEA模型去测度分析我国高技术产业创新活动的效率，并引入创新政策作为投入变量，考察区间是1995—2010年。结果表明，一方面，我国高技术产业R&D活动整体效率较高，呈现逐年上升的良好趋势，但存在部分年份效率值的起伏，且只有少数年份达到相对有效；另一方面，创新政策对我国高技术产业R&D活动的影响更多地体现在效益上，对效率的影响并不显著[②]。

2013年，杨青峰利用1995—2009年我国高技术产业分地区面板数据，在对我国高技术产业创新状况进行分析时指出，我国在此方面的创新效率总体较低，与国际水平相差较远，离前沿面较远，尚有较大的提升空间；某区域的自身地理环境较为优越时对创新效率的提高有一定的积极影响，反之则会产生负面影响，而地区企业规模与研发创新效率呈显著的"倒U形"关系[③]。

2014年，李海东，马威在构建投入产出指标体系基础上，通过因子分析定权法确定各指标权重，并测度出各地区高技术产业技术创新效率，再基于创新资金投入和人力资本投入两个维度，结合对数回归分析模型，对区域间的高技术产业创新的影响因素进行了分析。分析发现：企业在技术创新过程中的主体作用得到体现，人力资源直接投入对于高技术产业技术创新效率具有显著抑制作用，人力资源间接投入对于高技术创新效率并没有促

---

① 成力为，孙玮. 市场化程度对自主创新配置效率的影响——基于Cost-Malmquist指数的高技术产业行业面板数据分析[J]. 中国软科学，2012 (5)：128-137.
② 戴万亮，杨皎平，敖丽红. 创新政策对高技术产业R&D活动效率的影响——基于AHP和SE-DEA模型[J]. 中央财经大学学报，2013，1 (10)：70-74.
③ 杨青峰. 高技术产业地区研发创新效率的决定因素——基于随机前沿模型的实证分析[J]. 管理评论，2013，25 (6)：47-58.

进作用①。

2014年，范允奇、周方召分析了我国2000—2011年的高技术产业创新效率状况。在分析时采用SFA模型分析法与Granger因果检验相结合的方式，并用VAR模型对该效应路径进行估计。分析后得出以下结论：一是从高技术创新效率的影响因素来看，主要的影响因素是创新活动时的资金投入、人力资本投入、政府研究与开发投入、创新活动的方向等对提高效率有作用但并不显著。二是从区域间的差异来看，我国三大经济区域的高技术创新效率有很大差距且正在不断拉大，除此之外关联度较强的区域之间会产生联动效应。以中部为中心向东部和西部的单向扩散就是这种效应的表现②。

2015年，彭峰与李燕萍通过GMM方法分析了技术本土化对产业创新系统的影响，并通过超效率SBM模型检验不同省区之间在高新技术产业创新方面的效率。从而得出了这样的结论：技术本土化转移不同于对创新效率有阻碍作用的国外技术，它反而对创新生产力的提高具有明显的积极作用。在高技术产业中对外直接投资对高技术创新产业具有较强的正向效应。此外，本土技术转移能够增强国外技术溢出效应，与国外技术引进存在互补效应，与对外投资之间存在替代效应，所以会对创新效率产生明显的抑制作用③。

2015年，李向东、李南、刘东皇基于2003—2012年中国30个省和17个分行业的面板数据，从行业和区域的视野实证分析了影响中国高技术产业创新效率的环境因素。研究结果显示，政府资助和金融机构支持显著地阻碍了区域创新效率的提升，但对行业的负面作用并不显著；国际贸易出口对地区和行业创新效率的改善有显著的积极影响；产业规模对地区创新效率的改善有显著作用，但对行业的正向作用不显著；FDI显著地正向作用于行业创新效率的提升，所有制约因素显著地负作用于行业创新效率改善④。

2016年，宇文晶、马丽华、李海霞通过采用两阶段串联DEA模型，在CRS及VRS情况下分别测度东、中、西部各省区高技术企业效率值，并构建Tobit回归模型对影响各阶段效率的外部环境因素进行实证研究。研究发现：纯技术无效率是引起技术效率偏低的主要原因；从价值链角度看，创新的两个阶段都有进一步改善的空间；金融环境、地区经济实力对两阶段纯技术效率均为正向显著影响，对第一阶段效率影响显著的是人口素质及地区差异，产业结构对第二阶段效率影响显著为正，而政府研发投入、对外开放程度及城镇化水平对纯技术效率的提高无显著影响⑤。

以上是本书未提及的相关文献说明，下面两种文献说明在本书2.2.1中已有所提及，所以就在此进行简要说明。

---

① 李海东，马威. 投入端视角下高技术产业技术创新效率影响因素研究［J］. 科技管理研究，2014，38（10）：126-130.
② 范允奇，周方召. 我国高技术产业创新效率影响因素及区域联动效应研究［J］. 科技管理研究，2014（21）：1-4.
③ 彭峰，李燕萍. 本土技术转移对高技术产业创新效率的影响［J］. 科技进步与对策，2015，32（23）：125-128.
④ 李向东，李南，刘东皇. 高技术产业创新效率影响因素分析［J］. 统计与决策，2015（6）：109-113.
⑤ 宇文晶，马丽华，李海霞. 基于两阶段串联DEA的区域高技术产业创新效率及影响因素研究［J］，研究与发展管理，2016，27（3）：137-146.

肖仁桥、钱丽、陈忠卫三人从价值链的角度探讨高技术创新效率。他将高技术创新活动分为技术开发与科技成果转化两个阶段后也进行了一系列的实证分析，这次的考察区间是2005—2009年，分别用四种创新资源利用的4种模式以及样本选择模型测度分析创新效率的影响因素。最后得出结论，我国高技术产业的创新效率以一种质量较低的增长方式在稳定上升，造成这一状况的因素有两个方面，一是企业自身的微观调节，二是国家层面的宏观调控。综上所述，要使高技术产业创新效率有一个质的飞跃，必须要重视对知识的利用程度（开展产学研合作机制等），提供强有力的政策支持和金融支持，此外，也要完善与此相关的法律法规，推动科技成果的高效转化[①]。

2014年，桂黄宝率先采用DEA-Malmquist指数法在测度我国高技术产业效率前提下构建了空间计量面板模型，通过这一过程对高新技术产业创新效率的关键要素进行了探究。其中表明：①对高技术创新效率的影响因素多种多样，其中具有消极影响的因素是区域间的相关性，其他则具有明显的积极作用，此外资本投入的影响因素也是存在的但并不显著。②中国高技术产业创新效率虽有上升的可喜现象，但是从技术效率和规模效率两方面来说，它们所呈现的倒退状态也令人堪忧[②]。表2-3对以上学者所提及的高技术产业创新效率的影响因素进行了归纳和整理：

表2-3　　　　　学者常用的高技术产业创新效率的影响因素

作者	高技术产业创新效率的影响因素	文献年份
肖仁桥、钱丽、陈忠卫	劳动者素质、产业结构、政府支持、金融环境	2012
成力为、孙玮	政府税收、政府直接资金扶持、对外开放程度、金融信贷市场、技术市场	2012
戴万亮、杨皎平、敖丽红	创新政策	2013
杨青峰	地区出口强度、地方政府干预、企业规模	2013
李海东、马威	人力资源直接投入、人力资源间接投入	2014
范允奇、周方召	研究资金投入、地区市场开放程度	2014
桂黄宝	企业规模、劳动力、对外开放水平	2014
彭峰、李燕萍	本土技术转移、国外技术转移、FDI	2015
李向东、李南、刘东皇	政府资助、金融机构、国际贸易出口、产出规模、所有制因素	2015
宇文晶、马丽华、李海霞	金融环境、地区经济实力、人口素质、地区差异、产业结构	2016

综上所述，学者们关注的高技术产业创新效率的影响因素大致可以做以下几方面的总结：

（1）竞争环境。区域经济一体化中市场的活跃程度极大地引导着区域创新系统内核心要素向良性方向发展，因为在市场的引导下，关键要素会朝着有利于市场竞争的趋势整

---

① 肖仁桥，钱丽，陈忠卫.中国高技术产业创新效率及其影响因素研究[J].管理科学，2012，25（5）：85-98.

② 桂黄宝，我国高技术产业创新效率及其影响因素空间计量分析[J].经济地理，2014，34（6）：100-107.

合。这一作用主要是通过价格机制,价值规律作用的发挥等方式来实现。与此相对应,创新市场的全面化和多层次化造就良好的市场环境,商品交换双方的需求满足和供需矛盾的解决都通过市场机制来解决,从而减少政府宏观调控的影响,从长远方向来看,更有利于培育健全的市场机制,从而提高企业效率。

(2) 金融环境。创新是企业的核心竞争力,但创新从本质上来说还是要遵循商品经济的基本规律,考虑到产品的投入和产出比,创新产品的研发和后期科技成果的转化都离不开经济支持,尤其是经济资源的整合、融通、配置、利用则是更为关键的因素,良好的资金融通环境为企业融资减少了压力,从而降低了企业的运行成本,进而提高了企业效率,降低了企业融资风险。

(3) 政府政策。政府宏观调控作为一把"有形的手"和市场这把"无形的手"结合起来发挥作用,而政策则是更为强有力的手段影响创新作用的发挥。众所周知创新和知识产权保护制度密切相关。知识产权保护制度具有其两面性,一方面知识产权保护制度有利于激发创新意识,提高创新者的积极性,促进技术创新和科技创新,促使更多的优势资源向创新行业配置和转移,从而提高区域产业技术水平,促进更多技术成果转化成产品,增强企业的竞争力和生产力。另一方面如果知识产权水平过高则不利于智力成果的共享,导致企业技术成本增加,创新的积极性削弱。从长期来看,也会导致更多的恶性竞争,从而不利于市场的良性发展。所以,恰当的知识产权水平关系到企业的发展,区域知识产权水平应该在政策允许的范围内结合区域实际情况进行合理调整。但实际中,政策的波动性确实存在,对区域创新的发展而言,政策作用有时比市场作用影响更大。

(4) 科技成果转化。本书在论述区域创新功能时曾提到科技成果转化在创新过程中的作用,这一作用在经济发展水平相对落后的国家中更为突出,因为这些国家的发展潜力更大,因此创新所带来的效益也更大。总的来说,所谓科技成果的转化重要性体现在三个方面,一是创新活动后所带来的巨大生产力;二是这一创新的产出能够形成新的经济增长点;三是创新活动的投入与产出比率合理,即这项创新活动的投入必须要有所回报,而且这份效益是长期的,对经济发展有持续的驱动力,对经济的发展有一定的扩散效应。做到以上这些,一项创新行为才能说产生了价值,否则便是无本之木,无源之水。

(5) 人力资本水平。人是创新活动与经济生产的主要实施者,它贯穿于整个创新活动的始终,人力投入在创新活动中会形成一种不同于其他投入的资本,它具有强大的主观能动性。人力资本在高技术创新活动中的功能主要包括两方面:一方面,它是提高创新效率的重要保证,作为整个创新活动的主体,人力资本在技术资本的流通与转化方面、创新产出的持续影响方面、创新成果的维护与再创新方面都不可或缺;另一方面,众所周知,实践是检验真理的唯一标准,但实践的主体是人,因此人力资本此时的作用就是能否将创新成就转化为实际生产力。除了以上两种功能外,人力资本在如今的"知识经济"时代的作用越来越突出,当今国家间的竞争实质上也可以说就是人才的竞争,人才越多对知识的利用程度也越高,当然,对人力资源的合理配置,也会影响到人力资本对创新经济的驱动力的强弱。

以上所列出的因素是在文献中提到频率最高的，学者们也运用多种方法论证了其对高技术产业创新效率的影响。在分析区域间高技术创新效率差异时，分析影响创新效率的因素是必不可少的。基于对以上影响因素的关注，国内外学者也越来越重视区域高技术创新效率的影响机制。

2. 区域高技术产业创新效率差异的影响因素

关于区域高技术产业创新效率空间差异影响因素的分析并没有专门的研究，本书在前期构建主要的研究思路和框架时，对该问题有了初步认识：我国区域高技术产业创新效率在空间内表现出一定的差异，即在地理位置上邻接或者临近区域的观测值倾向于在空间内形成集聚，集聚区内高技术产业的创新效率和集聚区外是有差异的。"区域创新系统"便是空间集聚发展的结果和表现，因而在近几年的研究中学界比较关注"区域创新系统"的理论研究。

通过前面理论基础中的分析，我们了解到：这一概念是英国学者Cook教授最早提出，他认为联系较为密切的各区域的创新主体在一定情况下会形成一个区域性组织，在这个组织运行过程中区域的创新能力会更强，对创新主体的激励作用也更突出[1]。继Cook这一说法之后，国内外学者开始对"区域创新系统"进行研究和深入探讨。国外学者大都从创新的主体与功能两方面来研究，最有代表性的是1999年Meeus和Oerlemans认为，区域创新系统的主体应该是具有创新能力的企业，当地个别企业间的创新合作行为推动了创新型区域性组织的形成[2]。第二年，Cook和Schienstock在此基础上说明，这一系统主要是服务于企业间的创新活动行为，由此形成一个创新的网络系统[3]。在2002年，Doloreux则提出创新主体不仅仅是企业，还有社会机构等，这是从"区域创新系统"的知识生产功能来说的，这一类的行为主体能够促进创新活动有一个可以依赖的制度与组织，通过人际关系的协调促进知识的转化，进而促进区域创新的发展[4]。

以上是国外学者对"区域创新系统"的阐释，与此同时，国内学者对这一概念的理解也逐步深化。1999年，我国学者胡志坚和苏靖提出：所谓"区域创新系统"就是一个创新的网络系统，创新主体是由参与技术创新的相关机构与组织，这个网络系统的形成离不开市场型的中介服务及政府政策的扶持[5]。2000年，学者黄鲁成认为该系统是一个由制度和政策来维系的网络系统，这个系统负责将特定区域内的各种有联系创新活动的投入要素

---

[1] Cooke P, Morgan K. The Network Paradigm: New Departures in Corporate and Reginal Development [J]. Enviroment & Planning D, 1991, 11 (5): 543 – 564.

[2] Meeus M, Oerlemans L, et al. Reginal Systems of Innovation from within. An Empirical Specification of the Relation between Technological Dynamics and Interaction between Multiple Actors in a Dutch Region [J]. Theoretical & Mathematical Physics, 2000 (13): 1 – 24.

[3] Cooke P, Schienstock G. Structural Competitiveness and Learning Regions [J]. Enterprise & Innovation Management, 2000 (2): 265 – 280.

[4] Doloreux D. What We Should Know about Reginal Systems of Innovation [J]. Technology in Society, 2002, 24 (3): 243 – 263.

[5] 胡志坚, 苏靖. 关于区域创新系统研究 [N]. 科技日报, 1999 – 1 – 16 (7).

整合起来，进行有效配置，也能够平衡各组织之间的关系①。2001年，学者顾新提出，这个系统从本质上来说就是一种资源的合理配置，将区域内有利于创新的所有要素集合起来，统一分配，这也会提高创新效率，推动企业结构的转型升级，促进区域经济的持续健康发展②。同一年，学者王缉慈也认同上述说法，认为该系统就是一个区域间联系较为密切的创新主体所形成的网络系统，具有开放、动态、高效、系统的特点③。

在相关文献中，除了对"区域创新系统"的概念做出界定外，还有部分研究着重于对该系统结构的阐释与分析。1995年，Aslesen和Wood将这一系统分为五个子系统，包括负责产品创新的企业群、提供人才支撑的教育机构、技术创新的研究机构、提供支持的外部机构及服务机构④。1997年，Asheim和Isaksen从创新主体一方将该系统分为两类，一类是产业集群，一类是制度性基础设施⑤。

由此，后来在区域高技术创新的研究中诞生了一个新的学派，即"创新系统学派"。这一学派是指特定区域内所产生的非正式创新组织，它的主要目的是为了各行为主体间的相互协调、相互学习。也就是说，它强调的是促进区域创新活动产生的社会人文环境。换句话说，他们强调的是区域内各产业创新主体的行为与集体效率（collective efficiency）间的协调，这一看法也是对马歇尔相关思想的继承。

通过对以上文献的梳理，我们了解到：区域创新系统的形成固然可以推动区域创新活动的发生，但是在创新系统形成的过程中更多表现出来的现象是产业在空间内的集聚，产业集聚是区域创新系统形成的必要条件，而区域创新系统是产业集聚发展的终端模式。自从韦伯提出了"工业区位论"之后，更多的学者将产业的空间集聚形成看作是"区位优势"的结果，将某一个区域的社会、文化、历史因素排除在研究之外，认为吸引工业布局的原因是主要由自然条件先天形成的，工业区位理论只能通过改变自然条件，通过技术进步来引发区位优势的变化。遗憾的是，在经济全球化的今天，社会、文化、历史以及许多的宏观经济政策与产业导向政策，都是引发产业集聚的关键变量；而且，韦伯将引发产业集聚的动因归因于成本最小化，但实际上引发产业集聚的动因是多方面的，市场因素、学习与创新、政治意图等都可能是引发产业集聚的动因；再者，成本最小化理论应该随着时代的发展而发展，在今天，除了包含运输和劳动力这些基础要素之外，还有很多重要的因素；最后，由于经济全球化的发展加剧生产要素的转移，这使产业集聚过程理论的假设难以成立。所以，还有比"区位优势"更加重要的因素，那就是"区域创新环境"。本书将在第7章重点阐述"区域创新环境"对于区域高技术产业创新效率空间差异形成的作用。

---

① 黄鲁成. 关于区域创新系统研究内容的探讨[J]. 科研管理, 2000, 21（2）: 43-48.
② 顾新. 区域创新系统的失灵与完善措施[J]. 四川大学学报（社会科学版）, 2001（1）: 137-141.
③ 王缉慈. 创新的空间——企业集群与区域发展[M]. 北京: 北京大学出版社, 2001: 18.
④ Aslesen H W, Wood M. What Comprises a Regional Innovation System? An Empirical Study [J]. European Planning Studies, 1995（7）: 3-28.
⑤ Asheim B T, Isaksen A. Location, Agglomeration and Innovation: Towards Regional Innovation Systems in Norway? [J]. European Planning Studies, 1997, 5（3）: 299-330.

2.3 本章小结

本章主要针对论文的研究内容,进行理论基础的概述和相关文献的述评。

(1) 效率的概念和测度。对于创新效率的理解首先是要界定清楚:什么是效率?虽然在经济学领域,效率具有多重意思和表达,但是本书借鉴国内外大多数学者对于效率的概念的界定,认为效率是生产产品时所实现的投入产出最优组合的一种理想状态。在此概念的基础上,对于效率的测度借鉴的是 Farrell 投入导向型的测度(假定产出不变)和产出导向型的测度(假定投入给定)的方法。

(2) 区域创新系统理论。在现实的经济发展中,美国硅谷神奇般的崛起,使人们发现一定地理范围内相似产业的集聚对区域创新及经济发展起到的重要作用。因而关于区域创新系统的理论研究是近些年学者们关注的热点问题。他们认为在今天全球化竞争的时代背景下,区域间经济发展水平和创新活动的差异就在于有些区域从产业集聚发展至区域创新系统的构建和完善,而另外一些区域却没能跟上时代的步伐。

(3) 通过对"区域高技术产业创新效率评价"相关文献的梳理发现:创新效率的评价指标一般包括两个方面,即投入指标和产出指标,而指标的选取也出现了多投入多产出的趋势;评价的方法较多,常用的是 DEA 和 SFA,近几年的研究出现了 DEA 的拓展形式,主要以两阶段 DEA 和三阶段 DEA 为主。但是,每一种方法既有优点又有缺点,用不同的方法得到的评价结果也不尽一致,只要这种方法能很好地服务于要论证的问题,研究方法不存在过时之说。同时,创新效率的各个评价指标单位不同,采用 DEA 方法能够解决变量量纲不同的影响,方法成熟、运用广泛。因此,从适用性的角度出发,本书在评价我国高技术产业创新效率时选取 DEA 方法。

同时现有的研究也存在一些不足之处,比如概念界定不清,很多文献并不区分创新效率、创新绩效的区别,出现了混用的局面;评价方法有所欠缺,在理论研究中,较多的文章在评价了效率的同时还探究了效率的影响因素,但在研究影响创新的因素及效率时大多数文献都没有提及空间相关性变量对回归模型参数估计的影响;评价视野的宽度和广度都不够,在进行区域高技术创新效率评价时过于呆板,没有将区域的高技术创新效率置于国家的宏观经济背景之下。

(4) 通过对"区域高技术产业创新效率差异研究"相关文献的梳理发现:针对区域高技术产业创新效率的空间差异研究比较鲜见,进而探寻其空间差异影响因素的研究更是少之又少。大多数的研究热衷于对高技术产业创新效率影响因素的探索以及倾向于从区域创新系统的角度探讨效率的差异。更多的学者认为"区域创新系统"是空间集聚发展的结果和表现,系统内产业发展的势头更好,创新活动更容易产生,创新水平也较高,因而造成了系统内与系统外或是集聚区与非集聚区创新效率的差异。但是,从理论研究上升的角度和实践中创新活动的发展来看,本书更看重"区域创新环境"的影响作用。

第 3 章　中国高技术产业的发展及创新现状

自从 20 世纪 50 年代以来，全球范围内最令人瞩目的事件就是高技术产业的产生和发展。高技术产业的崛起对世界经济格局产生了巨大而深远的影响①②。当前，高技术产业的发展已经成为国际学术界关注的热点问题。高技术产业之所以被誉为"朝阳工业"，是因为它具有传统产业无法比拟的优势，其发展的生命线是智力资源，即依靠科技驱动发展，并不需要大规模的资源投入，绿色环保消耗少，对推动社会变革和经济发展具有战略性作用。尤其是 20 世纪末，高技术变革以及高技术产业井喷式的发展，给世界经济带来了革命性的变化。目前，高技术产业不仅成为发达国家的主导性支柱产业，也为发展中国家振兴经济提供了一条捷径，日益成为衡量一个国家智力、技术、经济发展水平的重要标志。高技术产业的发展能够加速产业转型、有效解决资源稀缺性问题，转变经济增长方式，提高劳动生产率，加速全球经济一体化进程③。

3.1　高技术产业的概念与内涵

3.1.1　各国对高技术产业概念的界定

1971 年，美国最先使用了高技术这一概念，在《技术和国家贸易》一书中首次使用了高技术（high technology 缩写为 High-Tech）一词。美国学者 Nloisog 将高技术产业定义为对高技术进行大量开发研究的产业；Nalson 认为依靠智力、资金大量投入，技术迅速提升的产业是高技术产业；Lanr 等学者认为能够生产高技术产品的产业就是高技术产业。法国的大多数学者认为高技术产业是高素质劳动力使用标准生产线生产新产品的产业，产业特点是拥有较强的市场能力，能够形成新的产业分支。英国学界将使用信息、生物学等尖端技术的产业群体定义为高技术产业。日本早在 20 世纪 80 年代就对高技术有过系统的论述，将高技术产业界定为使用尖端科技生产高技术产品的产业④。

---

① 复海钧. 中国高新区发展之路 [M]. 北京：中信出版社，2001：50-56.
② 王国锋. 我国高技术产业发展现状、问题及其发展思路 [J]. 中国科技论坛，2005，(5)：8-11.
③ 中国科学技术科学部《我国实现高技术产业化的若干问题》咨询组. 关于"发展我国高技术产业的若干问题"咨询报告（摘要）[R]. 中国科学院院刊，2002，17 (3)：161-163.
④ 胡艳，吴新国. 对高技术产业定义的理解 [J]. 技术经济，2001 (3)：23-25.

我国目前对高技术产业并未明确定义,高技术通常被认为和高新技术、高科技等词语是同一概念,经常等同使用。学界普遍认为高技术产业是利用当代尖端科技进行高技术产品生产的产业群。高技术产业显著特点是科技人员比重大,研发成本高、风险大,潜在收益高。1991年,我国颁布了高技术企业的认定办法,将利用高技术生产高技术产品或提供高技术劳务的企业认定为高技术企业。无论是国外还是国内,对高技术产业的界定,仅仅只是表述上的不同,从概念的本质上来说是基本一致的。

3.1.2 高技术产业范围的界定

虽然各国对高技术产业的概念并未产生争议,但是时至今日,国际上对高技术产业的界定仍然没有一个统一标准。当前,国际学界最认可的,也是使用频率最高的界定标准有两个:一是由美国商务部制定的标准。产品的主导技术必须是所确定的高技术领域;产品的主导技术必须是所确定的高技术领域中处于前沿的工艺或技术突破;R&D 支出占销售额的比重;科学家、工程师和技术工人占全部职工的比重。二是经济合作与发展组织(以下简称 OECD)制定的标准。其特点是将 R&D 经费强度作为界定标准,大于 3% 的是高技术产业,1%~2% 的是中技术企业,1% 以下的是低技术企业[1][2]。

1. 国外高技术产业的界定

(1) 国外高技术产业界定的目的、方法和指标

①界定的目的

高技术产业的崛起与发展,给世界经济带来了革命性的变化,高技术产业界定的重要性日益凸显。对高技术产业的界定并不是某一个国家或地区的事情[3],为了能够准确评价各国在国际贸易中的地位和作用或提高本国经济竞争力、增强综合国力,OECD 以及美英等发达国家都进行了大量而广泛的定量研究工作。

②界定的方法

界定方法通常分为两种:

一种是定性判断,就是对产业的内容和特征进行比较分析,进而判断是否是高技术企业。日本长期信用银行使用的就是这种方法。它对高技术产业的定性描述是:技术密集度高、创新周期短,具有较强增长性,资源和能源消耗小,具有一定市场规模,并且对其他产业具有较强渗透作用的产业,国际上很少使用这种方法[4]。

另一种是定量指标界定,使用最具典型性的,能够准确反映高技术产业本质特征的指标对其进行定量描述。技术密集度是使用频率最高的量化指标,因为一种产业能被认为是

---

[1] Sandro M. Brave Old world: Accounting for 'High – Tech' Knowledge in 'Low – Tech' Industries [J]. Research Policy, 2009, 38 (3): 470 – 482.

[2] Eva k, Steffen K, Angela J. Innovation Paths and the Innovation Performance of Low – technology Firms – An Empirical Analysis of German Industry [J]. Research Policy, 2009, 38 (3): 447 – 458.

[3] Peneder M. Entrepreneurial Competition and Industrial Location [M]. Edward Elgar Publishing, 2001: 145 – 156.

[4] 孙玉涛,刘凤朝. R&D 经费"来源—执行"组织结构演变及专利产出效应——以美国为例 [J]. 科学学研究,2012,30 (8):1174 – 1180.

高技术产业,那么它一定具有国际领先的技术水平。虽然,经济发展阶段不同,高技术产业的内容和范围也会不尽相同,但是,无论划分标准如何变化,都有一个共同点就是技术含量或密集度"高"。

③定量界定的指标

高技术产业技术密集度指标主要分为两类:

一类是 R&D 经费支出占工业总产值、增加值的比重也就是 R&D 经费强度。另一类是科技人员、科学家与工程师或熟练工人等占全体职工的比重。

采用定量方法定义高技术产业时,通常就是将上述指标进行排列组合。在这里高技术产业是一个集合概念,集合的特征是技术密集度明显高出其他行业或者是制造业平均值的数倍,这样的产业集合被称为高技术产业。

同时,也有些学者主张将产品技术复杂度作为高技术产业界定的标准。这种界定方法在理论上也是可行的,因为高技术产业的一个重要特征就是产品技术复杂度高。但是,这种方法只考虑产品本身,而实际上产品的技术和制作工艺通常是密切联系在一起的,无法进行严格区分。目前,衡量产品技术复杂程度主要采用专家调查法,这种方法依靠专家的经验进行主观判断,标准很难进行量化,会由于调查目的、范围、对象的制约或限制而产生偏差。比较而言,产业 R&D 经费支出能够在不同国家和产业之间获得相对一致的定义和统计范围,具有更加规范、通用的优越性,因此,R&D 经费强度作为高技术产业界定的定量指标而被广泛使用[1][2][3]。

④界定的切入方式

由于制定国家政策和评价贸易的需要不同,通常将高技术产业界定的切入方式分为基于产业和基于产品两种方式。

基于产业的方式是指使用能够对产业整体进行直接描述的宏观指标对高技术产业进行界定。这种界定方法特点是简便可行,但近似、笼统,并不精确。美国商务部(DOC)DOC1 分类法、英国、意大利和欧盟的界定方法等都属于这种方法。

基于产品的方式是指利用量化指标先对产品进行划分,确定高技术产品群的范围,再在这个确定范围内划分高技术产业。这种界定方法中最具代表性的就是美国 DOC2 和 DOC3。该界定方法的优势是比较精确,但复杂、烦琐、成本高。特别需要指出的是,美国 DOC3 分类界定方法引入了"间接 R&D 经费"的概念,在计算 R&D 经费强度时,把本行业投入的 R&D 经费与中间投入和资本货物中包含的 R&D 经费统筹考虑,极大地提高了高技术产业界定的科学性和精确性。

⑤界定的结果

---

[1] Pakes A, Griliches Z. Patents and R&D at the Firm Level: A First Report [J]. Economic Letters, 1980, 5 (4): 377 – 381.

[2] Meliciani V. The Relationship between R&D, Investment and Patents: A Panel Data Analysis [J]. Applied Economics, 2000, 32 (11): 1429 – 1437.

[3] Huang K F, et al. Absorptive Capacity and Autonomous R&D Climate Roles in Firm Innovation [J]. Journal of Business Research, 2015, 68 (1): 87 – 94.

在进行高技术产业界定时,大多数国家都采用本国的产业分类,因此,不同国家的高技术产业在类别、内容和范围上都有所区别。然而,通过分析英美等发达国家以及欧盟和经济合作与发展组织(OECD)对高技术产业的定义,可以看出,虽然使用的界定方法不同,但所界定的内容和范围大体一致,其共同特征就是技术密集度"高",主要包括航空、航天、电子、通信、计算机、医药等领域[①]。

(2) OECD 关于高技术产业的界定

在以上这些界定方法中,OECD 的界定方法最具代表性,其基于产业的高技术产业界定方法简单明了,也便于进行国际比较,界定的范围和定义被 OECD 成员国和其他国家广泛采用。至今,OECD 已使用这种方法很多年。

①六类高技术产业的界定

自高技术产业产生,OECD 就对其发展密切关注,并进行了大量研究,在此基础上于 1986 年第一次正式对其进行了定义。OECD 界定方法最显著的特点就是将 R&D 经费强度作为其评价标准。该方法共分为四步:第一步,对照国际标准产业分类(ISIC)选择 22 个制造业行业;第二步,选择具有典型性的 13 个成员国,共同特征是 R&D 活动之和占 OECD 相应总量 95% 以上;第三步,选取上述国家 1979—1981 年的经济数据,利用加权法进行计算;第四步,比较计算结果,确定高技术产业范围。通过上述步骤,最终将高技术产业界定为六类,详见表 3-1 所列。

表 3-1　　　　　　　　　OECD 界定的六类高技术产业

产业名称	ISIC 代码	R&D 经费强度(%)
高技术产业		
航空航天制造业	3845	22.7
计算机及办公设备制造业	3825	17.5
电子及通信设备制造业	3832	10.4
医药制造业	3522	4.8
专用科学仪器设备制造业	385	4.8
电气机械及设备制造业	383(不包括 3832)	4.4
中高技术产业		
汽车制造业	3843	2.7
化工制造业	351、352(不包括 3522)	2.3
制造业平均水平		1.8

数据来源:《中国科学技术指标(1996)》。

②四类高技术产业的界定

全球经济一体化的到来,使得知识和技术对经济发展的推动作用日趋重要,六分类界定法已不能准确反映世界经济发展的现状。1994 年,OECD 为了准确评价经济发展的实

---

① 高洪成,王琳. 高、中、低技术产业范围界定标准探析 [J]. 科技进步与对策,2012,29(13):46-48.

际,重新计算了R&D经费强度,对高技术产业范围进行了调整。此次计算和上次最大的不同在于引入了间接R&D经费概念,为了使计算结果更加准确,使用了R&D总经费产值比重、直接R&D经费产值比重以及直接R&D经费占工业增加值比重3个指标,重新界定高技术产业。本次计算和上次计算步骤基本一致,所选的22个制造业行业不变,用10个更为典型的成员国替代了原先的13个成员国,根据它们1973—1992年的数据,依照上述指标对22行业进行逐年计算,将3个指标明显高于其他制造业的产业定义为高技术产业。本次界定将高技术产业的范围调整为四大类。因为专用科学仪器设备、电气机械及设备制造业的R&D经费强度同其他产业相比已不具有优势,因此,将这两个产业调整为中高技术产业。当前,统计和分析高技术产业时通常使用本产业目录,详见表3-2所列。

表3-2　　　　　　OECD界定的四类高技术产业技术密集度　　　　　　（单位:%）

产品名称	ISIC代码	1990年数据			1980年数据		
		A	B	C	A	B	C
高技术产业							
航空航天制造业	3845	17.3	15.0	36.3	16.1	14.1	41.1
计算机及办公设备制造业	3825	14.4	11.5	30.5	11.2	9.0	26.0
医药制造业	3522	11.4	10.5	21.6	8.4	7.6	16.9
电子及通信设备制造业	3832	9.4	8.0	18.7	9.3	8.4	18.4
中高技术产业							
专用科学仪器设备制造业	385	6.6	5.1	11.2	4.7	3.6	8.6
汽车制造业	3843	4.4	3.4	13.7	3.7	2.8	10.1
电气机械及设备制造业	383－3832	4.0	2.8	7.6	4.3	3.5	8.9
化工制造业	351＋352－3522	3.8	3.2	9.0	2.7	2.2	7.6
其他运输设备制造业	3842＋3844＋3849	3.0	1.6	4.0	1.7	1.0	2.7

注:A为直接和间接R&D经费占总产值的比重;B为直接R&D经费占总产值的比重;C为直接R&D经费占增加值的比重。

数据来源:《中国科学技术指标(1996)》。

③OECD界定方法的优势

OECD使用R&D经费强度指标作为高技术产业界定的标准具有很多优越性。

第一,OECD界定方法比较准确,这种方法选取了一批典型国家的指标数据对22个制造业行业进行计算比较,避免了只使用一个国家或某几类产业的指标数据进行计算,由于产业结构和特点的局限性而产生的片面性。

第二,OECD界定方法所选用的指标简单明了,便于进行国际间比较,具有很强的操作性。尽管在理论上如科技人员、专利、新产品等与技术含量有关的指标也可以用来界定高技术产业,但是不论从定义还是从统计范围来看,其规范程度都不如R&D经费强度。同时,OECD界定方法在对产业进行分类时采用国际标准产业分类代码,产业分类代码转换时更为简单,更有利于不同国家和产业之间进行比较。

第三，OECD 界定方法在选取指标时借鉴了美国 DOC3 的经验将直接和间接 R&D 经费同时考虑，使用了与 R&D 经费强度相关的 3 项指标对高技术产业进行界定，只有当 3 项指标都明显高于其他行业时，才能被界定为高技术产业，避免了只使用直接 R&D 经费强度一个指标可能产生的片面性。

第四，高技术产业概念具有相对性，随着科技的不断进步，高技术产业的结构以及分类也不断发生变化，OECD 界定方法能够根据 R&D 经费强度的规律性变化对高技术产业目录进行及时修正，充分体现这一概念相对性特征。

OECD 界定方法操作性强、科学合理、便于比较的优势使其在国际社会具有广泛的基础，被大多数国家认同和采纳①。我国对高技术产业的研究和界定也是在 OECD 界定方法的基础上开展的。

2. 国内高技术产业的界定

高技术产业发展对我国传统产业转型，改变经济增长模式具有重要意义，当前迫切需要对我国高技术产业发展状况及其在国民经济乃至世界经济中的地位给予定量描述。

（1）界定原则

①国际可比原则。高技术产业是一个全球性的概念，是在全球高技术产业化的基础上发展起来的，定义具有相对性。对高技术产业进行定义的过程就是一个动态变化的过程，经济发展阶段不同，其定义的内涵也随之发生变化。如果只根据一个国家的发展现状而界定高技术产业及其范围必定会以偏概全。因此，进行我国高技术产业的界定工作应借鉴国际上相关的理论与实践，尤其是界定高技术产业的定义、方法和指标。进一步说，国际可比是建立在关于高技术产业定义和概念的科学性基础之上的，而过多地强调一国的特殊性，就会使高技术产业界定缺乏科学性，并降低使用价值。

②符合国情原则。高技术产业概念具有相对性，不同发展阶段的国家，其产业结构、经济发展方式也必然不同。发展中国家的"朝阳产业"在发达国家可能已经日暮西山了；在发达国家已具规模效应的战略先导产业在发展中国家可能还在孕育发展之中。当前现实是发展中国家的高技术产业发展水平与发达国家相比仍有相当大的差距，如果不研究具体国情，生搬硬套、邯郸学步，必定是失败的，这就要求我国在制定高技术产业衡量标准时，一定要在国际可比原则的前提下，结合我国具体实际，灵活借鉴国际经验与标准，定义的范围一定要符合我国的具体国情，统计结果能够最大限度地为我国宏观管理的需要服务②。

③纵观全局原则。以宏观管理的需要为出发点，抓大放小，忽略细微的产业内部变化，不考虑具体的企业和产品管理需要，使最终计算结果能够在总体上准确反映我国高技术产业的发展状况、趋势和所处国际地位的实际情况。

④操作简便原则。高技术产业概念具有相对性，需要根据实际情况不断进行动态调整，涉及范围广泛，对其进行界定需要做大量复杂、细致的工作。因此，我们在界定方法

---

① 经济合作与发展组织. OECD 科学实验技术与工业概览 2002 [R]. 北京：科学技术文献出版社，2003：308.
② 国家统计局. 国家统计局关于印发高技术产业统计分类目录的通知 [S]. 国统字〔2002〕33 号.

的实施上应充分借鉴国际经验，围绕研究目标和中心任务，最大程度使用已有的统计渠道和数据，不再重复进行专门调查和指标设计，要尽量简化操作程序，以方便为原则，有效减少成本。

（2）具体的界定情况

当前，我国存在的现实问题是R&D经费投入比例过小，远低于国际平均水平。根据统计，我国R&D支出每年还不到40亿美元，人均只有2.2美元左右，R&D经费支出占GDP的比例在1%以下。我国制造业的R&D经费强度在1995年只有0.6%，根据OECD界定标准，属于低技术产业，而低技术产业的产值占到了当年国内生产总值的60%以上。鉴于以上情况，对高技术产业的界定必须符合我国国情，将传统产业的改造与高技术产业的界定结合进行，充分发挥我国产业的比较优势。因此，我国没有严格确定高技术产业界定的具体标准，只是确定了高技术企业的界定标准，如企业职工中科技人员的比例在10%以上，R&D经费投入高于总产值的3%等。当前，我国高技术产业界定也是遵循国际可比和宏观管理原则进行的，基本程序如下：首先，将我国标准产业分类（GB/T4754-94，简称GB/94）尽量等效国际标准产业分类（ISIC），两者进行对照，在GB/94中代码为13—43的制造业大、中、小类各行业进行逐一筛选，筛选出内容上与OECD界定标准大致相同的30个小产业；其次，采用评判法，按照专家意见，对所选的30个小产业进行修正，去掉在内容上不符合OECD界定标准的产业；最后，确定我国高技术产业，分为六大类：医药制造业，航空、航天器及设备制造业，电子及通讯设备制造业，计算机及办公设备制造业，医疗仪器设备及仪器仪表制造业、信息化学品制造业[①]。因此，本书的研究对象也就是这六大产业。

另外，值得注意的是：高技术产品与产业是两个各自独立的概念，具有不同的内涵和特征，不能混淆使用。当前，国际上常用的界定高技术产品的方法有两种：一是高技术产业生产的产品就是高技术产品；二是专家依据美国统计局高技术产品目录（ATP）来判定高技术产品。第二种方法的具体步骤如下：先广泛征询科学家和技术人员，再将他们的意见进行汇总，确定高技术产品的范围：包括航空航天、生物技术、计算机与制造一体化、计算机与通信、电子、生命科学、材料设计、核技术、光电一体化、武器等十大领域。最后，相关领域权威专家对国际贸易中的产品进行判定是否属于已确定的领域范围，高技术产品的界定标准为，含有的前沿技术在一种以上，这些技术决定了产品价值。通过这种方法，《商品名称和编码协调制度》的6位代码所划分的高技术产品共有222类。

我国也是使用上述两种方法界定高技术产品。第一种是将我国已确定的六大类高技术产业的产品全部界定为高技术产品；第二种是国家指定相关部委牵头，在全国范围抽调相关领域专家、学者组成研究组，共同起草制定《国家高新技术产品目录》。在对于我国高技术产业的概念进行界定后，下面重点对其发展现状进行简要的分析和总结。

---

① 周国富，李妍，李璞璞. 如何恰当地界定中国高技术制造业的统计范围[J]. 统计与信息论坛，2016（31）：43-48.

3.2 中国高技术产业的发展现状

高技术产业是国家经济繁荣的重要力量,对升级产业结构、转变经济增长方式、提升综合国力起着巨大的推动作用,我国颁布的《国家"十三五"科学和技术发展规划》(简称科技规划)中确立了高技术产业的发展的重要位置。高技术产业不同于传统产业,它主要依靠智力投入,发展迅速,辐射力强,其发展特点主要有以下几个方面:第一,各种资源的快速流动与结合是高技术产业发展的前提。今天,技术、知识更新越来越快,一个产品的寿命周期或价格变化只有半年甚至几个月,效率是高技术产业发展的关键因素,只有高效率的高技术才能转化为有效益的产品。各种资源无缝对接,快速流动,尽量缩短各个环节,加快流通速度,不断提高效率,才能产生效益;第二,高技术产业的发展,依靠的是智力资源而不是传统产业的固定资产,具有创新能力的高层次人才是智力资源的源泉,这就需要有一系列健全的制度安排和机制为人才创造一个能够激发其创造性的工作、生活及文化环境;第三,高技术产业快速发展的关键因素是技术创新。因此,不断加大科技投入、积极鼓励人们进行创新是增强高技术产业竞争力的有效途径;第四,产业集群是高技术产业高速发展的生态环境。高技术产业的发展主要依靠智力资源的投入,其生命力源于技术创新,因此,在高技术产业中小企业数量众多,发展迅速,但其自身也存在资产规模小,资源运作能力弱的问题,产业集群可以有效解决这一问题,提高小企业创新能力。通过产业集群,产品和信息在地理上接近的小企业之间高速流动,制造商、客户、竞争者之间的联系不断加强,进而建立起资金、人才等各种专业化服务网络。

21世纪是科学与技术高速发展的时代,高技术产业必将成为今后各个国家和地区发展的主旋律。在这种大环境的影响下,我国各项鼓励政策陆续出台,创新投入不断加大,因而高技术产业的竞争力也随之提高,部分领域已经位居国际前列。但是,由于各种各样的原因,各地在发展高技术产业的同时,也不可避免地存在一些普遍性的问题与不足,为了能够对我国高技术产业的发展现状有一个全面而清晰的认识,现做以下总结和分析:

1. 产业规模持续扩大,呈现出较高的增长性

我国高技术产业正处在高速发展阶段,它的发展将对传统产业的发展起到巨大的引导带动作用。因此,我国目前的产业政策就是大力支持、鼓励高技术产业的建设与发展,为此颁布实施了众多优惠政策,在税收、采购等各方面为其保驾护航。

2000—2015年,我国高技术产业的很多指标,如企业数、从业人员平均人数、主营业务收入、利润总额、出口交货值都有了大幅的增长,平均增速分别达到了7.63%、8.61%、19.19%、18.86%、19.78%,从以上数据可以看出,15年间,高技术产业数和从业人员平均数的年增幅倒不是太大,但其创造的收入、利润及出口交货值的年增幅较大,高技术产业投入少,产出高的优势极为明显,其生产经营状况持续良好,并呈现出较

高的增长性。见表 3-3。

表 3-3　　高技术产业生产经营情况（2000、2005、2011—2015 年）

指标	2000 年	2005 年	2011 年	2012 年	2013 年	2014 年	2015 年
企业数（个）	9835	17527	21682	24636	26894	27939	29631
从业人员平均人数（万人）	392	663	1147	1269	1294	1325	1354
主营业务收入（亿元）	10050	33916	87527	102284	116049	127368	139969
利润总额（亿元）	673	1423	5245	6186	7234	8095	8986
出口交货值（亿元）	3396	17636	40600	46701	49285	50765	50923

注：本表 2005 年数据口径为全部国有及年主营业务收入 500 万元及以上的非国有法人工业企业，2011 年及以后年份为年主营业务收入 2000 万元及以上的法人工业企业。

数据来源：《中国高技术产业统计年鉴》（2009—2016），经整理而得。

2. 高技术产业地区分布差异较大

我国高技术产业以高新技术开发区的形式分布，呈现出大分散、小集中的特点，东部地区发展快、数量多、规模大，该地区基础好、位置佳，便于跨国公司高技术产业的转移，对于技术型外商更具吸引力。广东、江苏、上海、天津、福建的高技术产品出口额位于全国前五，出口总量占到了全国出口总额的 85% 左右。长江三角洲、珠江三角洲和环渤海等高技术产业密集带已经初具规模。但是，由于我国经济发展不平衡，中、西部地区高技术产业数量较少，而且自 1995 年以来，随着东部地区高技术产业所占比重的不断增加，中、西部地区高技术产业所占比重正逐年减少。因此，高技术产业开发侧重点不同，在全国呈现如下分布规律：

（1）沿海地区依托智力和技术优势，着重发展高新科技园区型产业；
（2）沿边地区依靠地理以及政策优势，重点发展贸易导向型产业；
（3）内地依靠资源和工业优势，大力发展军工相关产业。

通过表 3-4 和图 3-1 可知，全国和东部、中部、西部、东北地区 2015 年高技术产业的企业数、从业人员平均人数、主营业务收入、利润总额、出口交货值等生产经营情

表 3-4　　　　　　各地区高技术产业生产经营情况（2015 年）

地区	企业数（个）	从业人员平均人数（人）	主营业务收入（亿元）	利润总额（亿元）	出口交货值（亿元）
全国	29631	13543225	139968.6	8986.3	50923.1
东部地区	19912	9511593	99929.5	6488.5	41196.4
中部地区	5426	2197880	20836.1	1290.7	5595.3
西部地区	3104	1407355	14918.6	794.9	3789.4
东北地区	1189	426397	4284.5	412.3	342.0

注：本表 2005 年数据口径为全部国有及年主营业务收入 500 万元及以上的非国有法人工业企业，2011 年及以后年份为年主营业务收入 2000 万元及以上的法人工业企业。

数据来源：《中国高技术产业统计年鉴》（2009—2016），经整理而得。

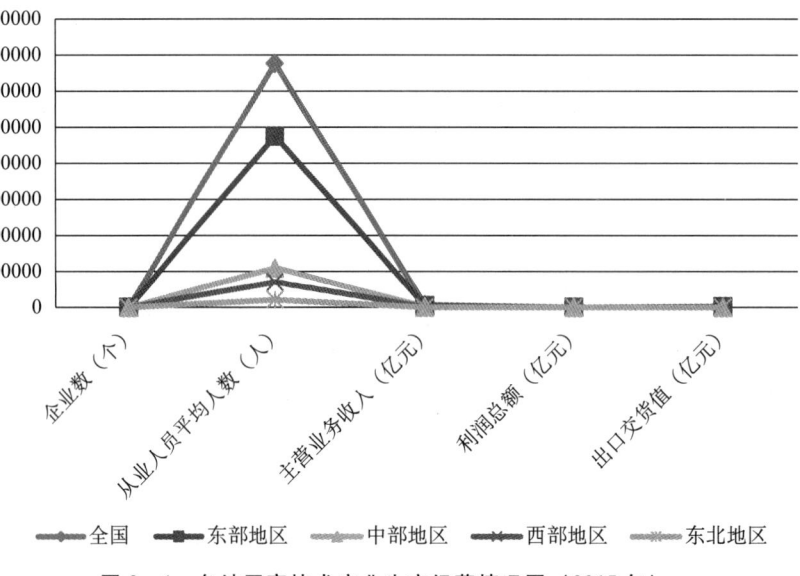

图 3-1 各地区高技术产业生产经营情况图（2015 年）

况。非常明显的是，东部地区的各项指标几乎能占到全国总数的 2/3，中部、西部和东北地区依次排序。可以看出，我国高技术产业东西差异、南北差异都较大，高技术产业在不同区域的发展极不平衡。

3. 三资企业占有重要地位

我国高技术产业之所以能够快速发展，在全球分工体系中占有一席之地，主要得益于技术和外资的引进。三资企业特别是港澳台商和外商投资企业在我国高技术产业发展中，发挥着不可替代的作用。企业数、从业人员平均人数、工业总产值、主营业务收入、利润总额、利税、出口交货值等主要经济指标都占半数以上。国有及国有控股企业的各项主要经济指标所占比重都相对较小。从表 3-5 可以看出，截至 2015 年，国有及国有控股企业数是 1584，三资企业数是 7561，企业数比为 1:4.8。从表 3-6 可以看出，2000 年国有及国有控股企业与三资企业的企业数比为 1:0.8，2000 年以后，国有企业在数量上一泻千里，相反三资企业发展强劲，数量持续飙升，并在 2005 年完全超过国有企业，成为我国高技术产业的主要力量。表 3-7 中，2000 年国有企业的主营业务收入为 4197.4 亿元，三资企业的主营业务收入是 6013.5 亿元，是国有企业的 1.4 倍。到 2014 年，三资企业的主营业务收入增长到国有及国有控股企业的 8.6 倍。2015 年，该比例有所下降，但三资企业在高技术产业方面仍然占有重要比例。表 3-8 中，分行业来看，2000 年三资企业的电子及通信设备制造业、电子计算机及办公设备制造业的主营业务收入和利税均比国有企业高，而医药制造业和航空航天制造业的主营业务收入和利税低于国有企业；到 2015 年，三资企业的医药制造业、电子及通信设备制造业、电子计算机及办公设备制造业、医疗仪器设备及仪器仪表制造业的主营业务收入和利税远远大于国有企业所占的比重，只有航空航天制造业仍以国有企业为主。所以，三资企业已成为我国主导的高技术产业类型。见表 3-5 至表 3-8；图 3-2 至图 3-4。

表 3-5　　　　　　不同企业类型高技术产业生产经营情况（2015年）

企业类型	企业数（个）	从业人员平均人数（人）	主营业务收入（亿元）	利润总额（亿元）	出口交货值（亿元）
国有及国有控股企业	1584	1520934	14449.4	776.5	2463.4
港澳台资企业	3252	3370845	2965.5	1371.3	16966.8
外资企业	4309	3339477	38946.5	1956.7	24151.8

注：本表2005年数据口径为全部国有及年主营业务收入500万元及以上的非国有法人工业企业，2011年及以后年份为年主营业务收入2000万元及以上的法人工业企业。

数据来源：《中国高技术产业统计年鉴》（2009—2016），经整理而得。

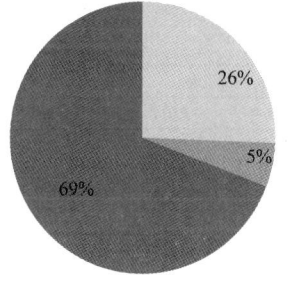
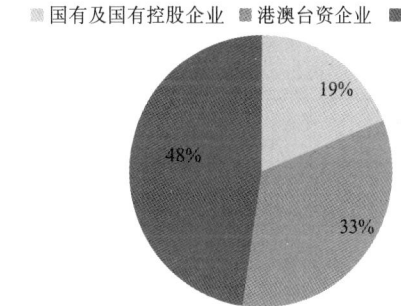
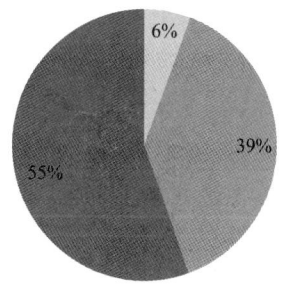

图 3-2　不同企业类型高技术产业生产经营情况（2015年）

表 3-6　　　　　　　　　不同企业类型高技术产业企业数

企业类型	企业数（个）						
	2000 年	2005 年	2011 年	2012 年	2013 年	2014 年	2015 年
国有及国有控股企业	3759	2179	1413	1532	1504	1488	1584
港澳台资企业	1627	2856	3173	3311	3407	3281	3252
外资企业	1441	3635	4434	4684	4646	4479	4309

注：本表 2005 年数据口径为全部国有及年主营业务收入 500 万元及以上的非国有法人工业企业，2011 年及以后年份为年主营业务收入 2000 万元及以上的法人工业企业。

数据来源：《中国高技术产业统计年鉴》（2009—2016），经整理而得。

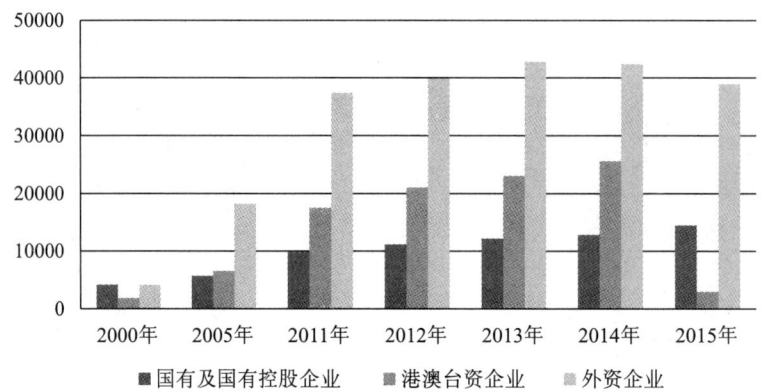

图 3-3　不同企业类型高技术产业企业数

表 3-7　　　　　　　不同企业类型高技术产业主营业务收入

企业类型	主营业务收入（亿元）						
	2000 年	2005 年	2011 年	2012 年	2013 年	2014 年	2015 年
国有及国有控股企业	4197.4	5712.5	9801.0	11161.9	12149.4	12828.4	14449.4
港澳台资企业	1872.1	6539.4	17534.7	21056.7	23073.6	25622.4	2965.5
外资企业	4141.4	18244.8	37441.0	39871.9	42855.6	42407.1	38946.5

注：本表 2005 年数据口径为全部国有及年主营业务收入 500 万元及以上的非国有法人工业企业，2011 年及以后年份为年主营业务收入 2000 万元及以上的法人工业企业。

数据来源：《中国高技术产业统计年鉴》（2009—2016），经整理而得。

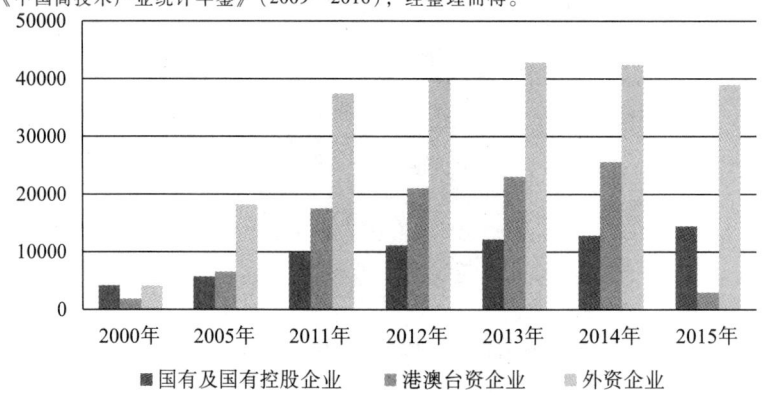

图 3-4　不同企业类型高技术产业主营业务收入

表 3-8 不同企业类型分行业高技术产业主营业务收入（2000、2015 年）

行业类型	企业类型	2000 年 主营业务收入（亿元）	2000 年 利润（亿元）	2015 年 主营业务收入（亿元）	2015 年 利润（亿元）
医药制造业	国有及国有控股企业	861.9	68.0	2339.9	269.5
	港澳台资企业	134.3	11.3	1896.3	280.0
	外资企业	252.0	22.6	3323.5	372.1
航空、航天器及设备制造业	国有及国有控股企业	369.1	2.3	2400.5	102.1
	港澳台资企业	6.4	1.7	92.3	2.8
	外资企业	18.7	1.7	646.8	64.6
电子及通讯设备制造业	国有及国有控股企业	2387.6	150.9	7419.6	288.9
	港澳台资企业	1125.0	49.4	18448.4	837.7
	外资企业	2993.6	243.2	24511.2	1045.5
计算机及办公设备制造业	国有及国有控股企业	395.0	22.5	1021.7	56.8
	港澳台资企业	563.6	19.2	8016.0	158.3
	外资企业	744.1	43.4	7969.4	264.6
医疗仪器设备及仪器仪表制造业	国有及国有控股企业	183.8	4.4	923.7	56.1
	港澳台资企业	42.8	2.8	657.3	52.9
	外资企业	133.0	11.5	1942.5	179.9
信息化学品制造业	国有及国有控股企业	/	/	344.0	3.1
	港澳台资企业	/	/	584.2	39.6
	外资企业	/	/	553.2	30.0

注：本表 2005 年数据口径为全部国有及年主营业务收入 500 万元及以上的非国有法人工业企业，2011 年及以后年份为年主营业务收入 2000 万元及以上的法人工业企业。

数据来源：《中国高技术产业统计年鉴》（2009—2016），经整理而得。

4. 传统产业借助高技术产业优势，成为新兴力量

我国传统产业基础雄厚、门类齐全，很多产品的产量都居于世界前列。可是，由于技术更新滞后，企业的设备、技术都逐渐老化，信息化、智能化程度明显低于国际平均水平，已经无法满足国内外市场的需求。传统产业振兴的唯一出路就是在技术、设计、管理等各方面进行创新，优化产业结构，加强自主知识产权，激发自身潜力，提高核心竞争力。如果传统产业和高技术产业能够有效结合，就可以利用其工艺、设备等方面的高技术充分挖掘自身潜力。我国拥有丰富的人力和物力，既具有人力成本低、素质高的优势，又具有原材料丰富、自给率高的优势，传统产业特别是制造业与高技术产业有效融合，就可以充分发挥人力资源和物质资源优势，从而在国际市场上占据较大份额。

5. 产业分布相对集中，增速差异较大

改革开放以后，产业集中趋势开始在珠三角地区出现，其中广东最具代表性。随后，"块状经济""专业镇"等形式的产业密集带在东部沿海地区以井喷的速度迅速发展。

一方面，我国高技术产业的分布具有非常明显的地域特色，每个地区的高技术产业都有一两个处于全国领先水平的行业。像吉林的医药制造业、广东的电子通信设备制造业都已成为该地区的标志性产业，具有非常明显的优势，这些各具特色的产业已成为该地区的导向型支柱产业，对转变地区经济发展模式起着巨大的推动作用。我国高技术产业集中分布的具体情况如表3-9所示。

表3-9　　　　　　　　中国高技术产业分布特征一览表

集聚区	高技术产业特征
环渤海地区IT产业集群	北京（集成电路） 天津（电子元器件和移动通信手机） 大连（软件业） 青岛（电子家电）
长江三角洲IT产业集群	上海（IC设计） 杭州（IC制造、通信制造） 苏州（IT设备制造基地）
珠江三角洲IT产业集群	广州（软件） 深圳（通信、微电子） 东莞（电脑资讯）
中西部IT产业集群	成都（军工电子） 重庆（通信设备） 武汉（光电子产业） 长沙（软件） 西安（光通讯、软件）

另一方面，不同产业增速差异较大。电子及通信设备制造业在我国高技术五大产业中优势明显，贡献巨大。其从业人员规模庞大，年平均数几乎占到高技术产业的50%。2000年，电子及通信设备制造业的主营业务收入、利润总额、利税和出口交货值等4项经济指标所占高技术产业的比重分别是58.4%、63.5%、57.3%和63.5%。经过15年的发展，到2015年，高技术六大产业无论是企业数、从业人员平均数，还是主营业务收入、利润总额、利税及出口交货值等指标都稳步增加，电子及通讯设备制造业仍占据重要位置。但2012年以后，情况急转直下，受经济危机影响，发达经济体的债务问题、信用危机、银根紧缩等问题层出不穷，经济复苏缓慢，全球需求严重不足。在国内，因世界经济动荡，国际资本短缺，流动性差，造成投资动力不足，产业结构优化成为亟需解决的问题，受此影响，电子及通讯设备制造业的增速放缓。

从企业数来看，2000—2015年高技术五大产业中电子及通讯设备制造业的年平均增速最快，为9.04%，医药制造业的年平均增速最慢，只有5.04%（信息化学品制造业只有2015年的数据，其他年份数据缺失）；从从业人员平均数来看，年平均增速最快的是计算机及办公设备制造业，而航空、航天器及设备的制造业区出现了负增长，也就是说，15年间，该行业的从业人员逐渐减少；从主营业务收入的指标来看，医疗仪器设备及仪器仪表设备制造业的年平均增速最快,为22.35%,年平均增速最慢的是航空、航天器及设备制造业,仅有15.8%;而从利润总额来看,航空、航天器及设备制造业的年平均增速最快,达到了30.07%。见表3-10至表3-14。

表3-10　　　　　　　　　　　　分行业高技术产业企业数

行业	企业数（个）						
	2000年	2005年	2011年	2012年	2013年	2014年	2015年
合计	9835	17527	21682	24636	26894	27939	29631
医药制造业	3533	4971	5926	6387	6839	7108	7392
航空、航天器及设备制造业	176	167	224	304	318	338	382
电子及通讯设备制造业	3996	7781	10220	12215	13465	13973	14634
计算机及办公设备制造业	506	1267	1313	1387	1565	1629	1695
医疗仪器设备及仪器仪表设备制造业	1624	3341	3999	4343	4707	4891	5062
信息化学品制造业	/	/	/	/	/	/	466

注：本表2005年数据口径为全部国有及年主营业务收入500万元及以上的非国有法人工业企业,2011年及以后年份为年主营业务收入2000万元及以上的法人工业企业。

数据来源：《中国高技术产业统计年鉴》(2009—2016),经整理而得。

表3-11　　　　　　　　　　分行业高技术产业从业人员平均数

行业	从业人员平均数（人）						
	2000年	2005年	2011年	2012年	2013年	2014年	2015年
合计	3922875	6633422	11469153	1286722	12936870	13250267	13543225
医药制造业	1045293	1234389	1786022	1966586	2085498	2159430	2229376
航空、航天器及设备制造业	456531	304691	349995	359315	339551	365708	387006
电子及通讯设备制造业	1739147	3466681	6356687	7307914	7482696	7734261	8142256
计算机及办公设备制造业	246902	1011417	1945089	1981602	1905640	1842440	1467024
医疗仪器设备及仪器仪表设备制造业	435002	616244	1031360	1071305	1123485	1148428	1147356
信息化学品制造业	/	/	/	/	/	/	170207

注：本表2005年数据口径为全部国有及年主营业务收入500万元及以上的非国有法人工业企业,2011年及以后年份为年主营业务收入2000万元及以上的法人工业企业。

数据来源：《中国高技术产业统计年鉴》(2009—2016),经整理而得。

表3-12　　　　　　　　　　分行业高技术产业主营业务收入

行业	主营业务收入（亿元）						
	2000年	2005年	2011年	2012年	2013年	2014年	2015年
合计	10050.1	33916.2	87527.2	102284.0	116048.9	127367.7	139968.6
医药制造业	1682.8	4019.8	14484.4	17337.7	20484.2	23350.3	25729.5
航空、航天器及设备制造业	377.8	781.4	1934.3	2329.9	2853.2	3027.6	3412.6
电子及通讯设备制造业	5874.5	16646.3	43206.3	52799.1	60633.9	67584.2	78309.9
计算机及办公设备制造业	1606.7	10716.6	21163.5	22045.2	23214.2	23499.1	19407.9

续表

行业	主营业务收入（亿元）						
	2000年	2005年	2011年	2012年	2013年	2014年	2015年
医疗仪器设备及仪器仪表设备制造业	508.3	1752.2	6738.6	7772.1	8863.5	9906.5	10471.8
信息化学品制造业	/	/	/	/	/	/	2636.8

注：本表2005年数据口径为全部国有及年主营业务收入500万元及以上的非国有法人工业企业，2011年及以后年份为年主营业务收入2000万元及以上的法人工业企业。

数据来源：《中国高技术产业统计年鉴》（2009—2016），经整理而得。

表3-13　　　　　　　　分行业高技术产业利润总额

行业	利润总额（亿元）						
	2000年	2005年	2011年	2012年	2013年	2014年	2015年
合计	671.3	1423.2	5244.9	6186.3	7233.7	8095.2	8986.3
医药制造业	139.1	338.2	1606.0	1865.9	2132.7	2382.5	2717.3
航空、航天器及设备制造业	3.8	32.4	104.0	121.8	139.3	170.3	196.1
电子及通讯设备制造业	426.1	650.8	2161.9	2679.5	3326.8	3744.4	4348.9
计算机及办公设备制造业	76.0	262.7	710.4	790.5	810.4	889.2	622.1
医疗仪器设备及仪器仪表设备制造业	28.2	139.1	662.6	728.7	824.6	908.9	938.8
信息化学品制造业	/	/	/	/	/	/	163.1

注：本表2005年数据口径为全部国有及年主营业务收入500万元及以上的非国有法人工业企业，2011年及以后年份为年主营业务收入2000万元及以上的法人工业企业。

数据来源：《中国高技术产业统计年鉴》（2009—2016），经整理而得。

表3-14　　　　　　　　分行业高技术产业出口交货值

行业	出口交货值（亿元）						
	2000年	2005年	2011年	2012年	2013年	2014年	2015年
合计	3396.0	17636.0	40600.3	46701.1	49285.1	50765.2	50923.1
医药制造业	189.6	439.3	1030.5	1164.9	1184.2	1312.3	1342.0
航空、航天器及设备制造业	31.2	77.8	274.9	358.7	370.1	405.4	433.5
电子及通讯设备制造业	2158.1	9410.0	22239.9	27049.0	28738.4	31486.8	35321.9
计算机及办公设备制造业	910.7	7194.6	15879.9	16926.4	17640.7	16154.9	11994.8
医疗仪器设备及仪器仪表设备制造业	106.4	514.4	1175.1	1202.1	1351.8	1405.8	1449.0
信息化学品制造业	/	/	/	/	/	/	382.0

注：本表2005年数据口径为全部国有及年主营业务收入500万元及以上的非国有法人工业企业，2011年及以后年份为年主营业务收入2000万元及以上的法人工业企业。

数据来源：《中国高技术产业统计年鉴》（2009—2016），经整理而得。

3.3 中国高技术产业的创新现状

技术创新是高技术产业获取竞争优势的有力途径。是否开展创新活动以及创新活动的质量在很大程度上决定了高技术产业是否可以得到长足的发展。如上所述，目前我国高技术产业的产业规模、营利能力均有大幅提高。但是，高技术产业地区分布差异较大，发展并不均衡。近年来，国家不断加大对高技术产业创新活动的投入和支持，其创新能力和国际竞争力同过去相比有了明显的提升，专利申请数、新产品销售收入逐年上涨。不过，与发达国家相比，仍然存在巨大差距，高技术产业创新活动表现出一些普遍性的特点和问题：

1. 创新人才增幅较大，缺乏高层次、战略型人才

R&D人员全时当量是衡量高技术产业创新活动的关键指标，而且，在从事科技创新活动中，R&D人员是最为核心的力量。从表3-15中可以看出，2000—2015年，我国高技术六大产业中除了航空、航天器及设备制造业R&D人员全时当量的增幅较小外，其他五大产业均有大幅增长，15年间达到了近10倍的增长。但我国仍然不能被称之为人才强国。最主要的原因在于，缺乏战略型创新人才，缺乏高层次的战略科学家及技术专家。中国人才研究会会长徐颂陶曾在清华大学战略型人才库建设研讨会上发表该观点。因此，目前我国高层次创新人才的规模、层次、结构还不能较好地适应高技术产业的发展需要，缺乏领军人物，真正做出原始性创新成果的科学家为数不多，能够跻身于世界科学前沿参与国际创新行业竞争的人才更是少之又少。

表3-15　　　　　　　　分行业高技术产业R&D人员全时当量

行业	R&D人员全时当量（人年）						
	2000年	2005年	2011年	2012年	2013年	2014年	2015年
合计	91573	173161	511175	623249	670222	701440	726983
医药制造业	12136	19584	93467	106684	123200	133902	128589
航空、航天器及设备制造业	30835	29870	32329	43071	47875	41043	45832
电子及通讯设备制造业	36625	95091	272062	340679	356885	380683	402513
计算机及办公设备制造业	3941	17484	49248	62783	59940	60181	57035
医疗仪器设备及仪器仪表设备制造业	8036	11132	64068	70029	82322	85631	83521
信息化学品制造业	/	/	/	/	/	/	9493

注：本表2005年数据口径为全部国有及年主营业务收入500万元及以上的非国有法人工业企业，2011年及以后年份为年主营业务收入2000万元及以上的法人工业企业。

数据来源：《中国高技术产业统计年鉴》（2009—2016），经整理而得。

2. R&D 经费投入大,投入强度与发达国家存在差距

通过国际比较研究结果可知,R&D 总经费占 GDP 的比重与一个国家所处的工业化阶段密切相关,工业化程度与所占比重成正向变化,初期通常在 1.0% 以下,中期一般高于 1.5%,后期一般在 2.0% 以上。表 3-16 中显示,2000—2015 年,我国 R&D 经费内部支出与 R&D 经费投入强度逐渐攀升。如果根据钱纳里的理论,对我国经济发展阶段进行划分,我国已属于工业化中期。如表 3-17,截至 2014 年,如果不考虑美国(美国 2014 年数据缺失),我国 R&D 总经费已居世界第 3,R&D 投入强度为 2.01%,居世界第 5,通过对工业化中期国家 R&D 经费投入强度的比较,我国 R&D 经费投入强度是与我国经济发展相适宜的。

表 3-16 我国 R&D 经费内部支出与 R&D 经费投入强度(2000—2015 年)

	2000 年	2001 年	2002 年	2003 年	2004 年	2005 年	2006 年	2007 年
R&D 经费内部支出(亿元)	895.66	1042.49	1287.64	1539.63	1966.33	2449.97	3003.10	3710.24
R&D 投入强度(%)	0.90	0.95	1.07	1.13	1.23	1.32	1.38	1.38
	2008 年	2009 年	2010 年	2011 年	2012 年	2013 年	2014 年	2015 年
R&D 经费内部支出(亿元)	4616.02	5802.11	7062.58	8687.01	10298.41	11846.60	13015.63	14169.8
R&D 投入强度(%)	1.46	1.68	1.73	1.79	1.93	2.01	2.05	2.07

注:R&D 经费投入强度 = R&D 经费投入与国内生产总值之比×100%。
数据来源:《中国高技术产业统计年鉴》(2009—2016),经整理而得。

表 3-17 部分国家 R&D 投入强度对比 (单位:%)

		中国	美国	日本	英国	法国	德国	加拿大	韩国
R&D 经费投入强度(%)	2000 年	0.89	2.62	3.04	1.72	2.15	2.39	1.86	2.18
	2014 年	2.02	/	3.59	1.70	2.26	2.90	1.61	4.29

注:《中国科技统计年鉴(2016)》对于各国 R&D 经费投入强度(%)的统计数据只到 2014 年。
数据来源:《中国高技术产业统计年鉴》(2009—2016),经整理而得。

但是,表 3-16 中的数据显示,2000 年我国 R&D 经费在投入强度上与发达国家的差距巨大。在 2012 年,我国 R&D 经费投入总量突破万亿,到 2013 年,R&D 经费投入强度首次超过 2%,标志着我国科技水平上了一个新的台阶,同年 R&D 经费投入总量达到 11847 亿元,与上一年度相比总量增加了 1549 亿元,比例上升了 15%。到 2014 年,R&D 经费投入总量持续上升,达到 13016 亿元。即便如此,我们与美国、日本、法国、德国、韩国等国家相比,差距仍然存在。

3. 自主创新不足,关键技术缺失

我国高技术产业与发达国家的差距表现在自主创新不足,缺少核心技术,无法形成核心竞争力,依然属于"跟随者",在全球分工中仍然受制于人,处于全球价值链的最低端。

在申请专利方面,我国高技术产业更多的是跟随和模仿。在国际高技术领域,也只有华为、中兴等个别企业属于创新领导者的行列。近些年,华为、中兴等企业的 PCT 专利申请数量快速增长，但专利累计授权量却无法与发达国家相比。

当前，我国已成为经济大国和贸易大国，但经济发展更多依靠资金投入，缺乏自主知识产权，在国际贸易中受制于人的局面并未改变，技术有效供给不足，对外依存度高，是制约我国经济发展的瓶颈环节。"缺芯少基"问题严重，高端芯片和通用芯片完全依赖进口，基础电路工艺至少落后国际先进水平5年。光伏、电池用银浆、EVA树脂以及太阳电池制造工艺、氢化炉、大型氢气压缩机等对国家具有战略意义的关键原材料和设备方面，我国核心竞争力较弱，产业水平有待进一步提高。

同时，一些国有企业虽然规模较大，但改革不彻底，管理水平较低，自身存在难以克服的所有者缺失问题，创新风险与收益主体呈现弱相关性，自主创新驱动性不足，企业管理者更注重短期经济效益，自主知识产权核心技术不足导致我国高技术产业只能处于全球价值链的低端，在国际产业分工中缺乏竞争和谈判的主动权，很难获得利益分配的话语权，严重制约着产业发展的水平与质量。

4. 创新产品附加值低

高技术产业的发展对优化产业结构，促进经济发展，增强综合国力具有巨大的推动作用，但其作用发挥的力度与强度关键取决于高技术产业的增长质量而不是数量。

世界主要国家都将创造以智力知识为基础的高附加值出口型经济作为主要经济发展战略。随着我国科技实力的增强，产业结构进一步改善和优化，具有一定附加值产品的出口比重在不断上升。但是，在一些高技术领域，我国自主拥有的核心技术不多，主要是跟随模仿，以贴牌制造为主。国家统计局数据显示，2015年我国高技术产业增加值相比上一年度增长了10.2%，比规模以上工业快4.1个百分点。占规模以上工业比重为11.8%，同比上一年度上升了1.2个百分点。其中，电子及通信设备制造业、航空、航天器及设备制造业、信息化学品制造业、医药制造业的增长率分别为12.7%、26.2%、10.6%、9.9%。而发达国家的增加值比重一般在30%以上。

根据以上我国高技术产业发展及创新现状的分析，我们可以得到以下结论：高技术产业的快速发展是推动我国经济又好又快发展的重要因素，高技术产业的发展程度已成为衡量一个国家经济实力的重要指标。我国高技术产业增速很快，但增长质量不高；三资企业比重较大，关键技术缺失，更多的是贴牌式"中国制造"而非拥有自主知识产权的"中国创造"；高技术产业分布不均衡，区域差距正在不断加大；经费投入在大幅度地提高，但要赶超发达国家仍需相当长的时间。这里，我们只是定性地描述了高技术产业的发展及创新现状，要想对我国高技术产业的具体情况尤其是创新活动的效率有所了解，还需要定量地评价。

3.4 本章小结

本章主要对我国高技术产业的发展现状进行了分析和总结：

（1）国内外对于高技术产业的界定：国外对于高技术产业的界定目的在于准确评价各国在国际贸易中的地位和作用或提高本国经济竞争力、增强综合国力；界定的方法通常包括两种：定性判断（主要是对产业的内容和特征进行分析）和定量判断（主要采用技术密集度反映）；定量界定的指标分为两类：一类是 R&D 经费支出占工业总产值、增加值的比重也就是 R&D 经费强度。另一类是科技人员、科学家与工程师或熟练工人等占全体职工的比重；界定的切入方式分为基于产业和基于产品两种方式；界定的结果主要包括：航空、航天、电子、通信、计算机、医药等领域。其中，OECD 基于产业的界定方法最具代表性：1986 年，OECD 第一次将航空航天制造业、计算机及办公设备制造业、电子及通讯设备制造业、医药制造业、专用科学仪器设备制造业、电气机械及设备制造业六大产业定义为高技术产业。1994 年，OECD 为了准确评价经济发展状况，对高技术产业范围进行了调整，此次调整为 4 个产业，包括：航空航天制造业、计算机及办公设备制造业、电子及通讯设备制造业、医药制造业。我国对于高技术产业的界定主要借鉴 OECD 的做法，同时考虑到我国的实际国情，确定的高技术产业包括：医药制造业，航空、航天器及设备制造业，电子及通讯设备制造业，计算机及办公设备制造业，医疗仪器设备及仪器仪表制造业、信息化学品制造业。

（2）我国高技术产业发展及创新现状：近年来，我国高技术产业得到了大力发展，创新成果较为突出。高技术产业总体表现出以下发展特征：产业规模持续扩大，呈现出较高的增长性；高技术产业地区分布差异较大；三资企业占有重要地位；传统产业借助高技术产业优势，成为新兴力量；产业分布相对集中、增速差异较大。但是，高技术产业的创新现状并不是很乐观：创新人才增幅较大，缺乏高层次、战略型人才；R&D 经费投入大，投入强度与发达国家存在差距；自主创新不足，关键技术缺失；创新产品附加值低。今后要注重提升高技术产业的创新质量而不是数量。

第4章 中国区域高技术产业创新效率评价

高技术产业是在智力资源的基础上发展起来的，已成为我国当前战略性先导产业，对经济发展具有巨大的推动作用。因此，科学、客观地评价我国区域高技术产业的创新效率，对发现高技术产业创新的核心问题、了解高技术产业在不同区域创新效率的空间差异，开发提升创新效率，进而制定实施有效对策，都具有积极而深远的意义。

4.1 评价指标体系的设计原则

评价结果能否客观、公正地反映评价对象的真实情况，关键依赖于所使用的指标体系是否科学、合理。我国高技术产业创新效率的评价指标体系应该符合下列原则：

（1）目标明确。指标的选取不能太随意，必须以达到评价目的为原则，评价结果要能比较准确地反映评价意图。指标还需要考虑前人的研究基础和通用的做法，数量不宜过多，只要能够表征评价对象即可。当然也不能出于减少成本和时间的目的，只设置简单的指标。

（2）可比性强。指标的可比性是指所比较指标能够在相同条件下进行比对，避免指标模糊、重复。指标要有一定的代表性，在评价时要能够反映出对象的普遍共性特征。除此以外，指标还应该体现出差异性，也就是说，指标间要具有明显的区别。

（3）具有可操作性。选取的指标要能把笼统的概念具体化、形象化，转化为可观察、可测量和可验证的项目。

（4）实证分析与规范分析相结合。在进行指标选取时，不要一味地选择数字或是可以比较等级的定量化指标，毕竟有些因素是没有办法量化的，所以，在分析过程中，可以适当地结合定型化的指标，二者相结合，使得评价过程更为真实可靠，全面准确。

4.2 评价指标的选取

根据第2章中效率的定义了解到，对高技术产业创新效率进行评价，重点看创新产出与创新投入的比值。对投入指标的选取，学界没有太多的争论，国外学者大都倾向于选择资金和人力资源两方面的因素，基于数据的可获得性和可靠性来源的问题，资金方面的因素用 R&D 经费支出来衡量，人力资源方面的因素用科学家工程师的数量予以反映[1][2][3][4]。但是对于产出指标的选取，却存在一些争议。有一些学者认为，创新活动的结果不一定都表现为专利，而且不同时期的专利的标准也不一样，因此，采用专利数据并不能反映创新产出的全貌[5][6]，具有一定的片面性；不过，大部分学者同意使用专利数据作为产出指标，因为理论研究不可能完全反映现实中的所有情况，它更多只是现实问题的一种理想化架构。可以说，没有任何一种或一组指标能够非常完美地反映创新产出的真实情况，既然这样，专利数据可获得性强，又比较稳定，国家或地区每年都会发布相对权威的专利数据，采用专利数据能大大降低研究的难度[7]。另外，学界都采用专利数据，可以使研究结果的可比性增强。还有一个问题值得注意：官方发布的专利数据通常包括专利申请数和拥有发明专利数，在梳理文献时我们发现，大部分国外学者常用专利申请数衡量创新产出的情况。这主要是因为有学者如：Griliches（1990）经过实证分析发现，拥有发明专利数比较容易受到政府因素，人为因素等的影响和干预而出现变动。所以，专利申请数要比拥有发明专利数更可靠、更稳定[8]。

国内学者对于创新投入与创新产出指标的选取，基本沿用国外学者的做法，具体选取情况见表 4-1。

表 4-1　　　　　　国内学者高技术产业创新效率评价指标的选取情况

作者	创新投入指标的选取内容	创新产出指标的选取内容
王丽平、周龙（2016）	R&D 经费人员全时当量、R&D 经费、技术经费	专利申请数、新产品销售收入
杜鹤丽、李海萍（2015）	R&D 人员全时当量、技术引进经费、消化吸收经费	专利申请授予量、新产品销售收入、当年价总产值

---

[1] Archibugi D. Patenting as an Indicator of Technological Innovation: A Review [J]. Science and Public Policy, 1992, 19 (6): 357-368.

[2] Arundel A. The Relatative Effectiveness of Patents and Secrey for Appropriation [J]. Research Policy, 2001 (30): 611-624.

[3] Zoltan J A, Anselin l, Varga A. Patents and Innovation Counts as Measures of Regional Production of New Knowledge [J]. Research Policy, 2002 (31): 106-128.

[4] Acs Z J, Luc A, Attila V. Patents and Innovation Counts as Measures of Regional Production of New Knowledge [J]. Research Policy, 2002, 31 (7): 1069-1085.

[5] Abraham B P. Innovation Assessment through Patent Analysis [J]. Technovation, 2001 (4): 245-252.

[6] Furman J L, PORTER M E, Scott S. The Oeterminants of National Innovative Capacity [J]. Desearch Policy, 2002 (31): 899-933.

[7] Solow R M. Technical Change and the Aggregate Production Function [J]. The Review of Economics and Statistics, 1957, 11 (8): 56-63.

[8] Griliches Z. Patent Statistics as Economic Indicators: Asurvey [J]. Journal of Economic Literature, 1990, 28 (4): 1661-1707.

续表

作者	创新投入指标的选取内容	创新产出指标的选取内容
程萍、赵玉林（2014）	科技活动人员总数、R&D活动人员折合全时当量、R&D经费内部支出、新产品开发经费、科技活动经费筹集额、微电子控制设备原价	专利申请数、拥有发明专利数、新产品产值、新产品销售收入、利税、当年价总产值
桂黄宝（2014）	高技术产业R&D人员全时当量、高技术产业R&D经费内部支出、新产品开发经费	新产品销售收入、专利申请量
戚宏亮、王翔宇（2013）	新增固定资产、R&D活动人员折合全时当量、企业从业人员年平均数、R&D经费内部支出、新产品开发经费	专利申请数、新开工项目、利润、新产品产值、新产品销售收入
钱丽、陈忠卫、肖仁桥（2012）	R&D人员全时当量；R&D经费和引进、改造和消化吸收费用之和	高技术产业拥有发明专利数、专利申请量；新产品销售收入
张经强（2012）	R&D活动人员、R&D经费内部支出、技术引进经费支出、消化吸收经费支出、技术改造经费支出	新产品销售收入、专利拥有数
张清辉、王建品（2011）	R&D经费内部支出、R&D人员折合全时当量、新产品开发经费支出和其他费用	拥有发明专利数、新产品销售收入
赵琳、范德成（2011）	科学家和工程师数、R&D人员折合全时当量、R&D经费内部支出、固定资产原价	专利申请数、新产品产值、新产品销售收入、新产品出口销售收入
成力为、孙玮、王九云（2011）	行业R&D研发存量、R&D人员全时当量	新产品销售收入、专利申请量
冯缨、滕家佳（2010）	高技术产业科技活动人员、技术经费	拥有专利数、新产品销售收入

在以上指标体系建立原则的指引下，结合国内外学者使用频率最高的指标，确定了本书中高技术产业创新效率的评价指标体系，利用DEA方法进行效率的评价。见表4-2、图4-1。

表4-2　　　　　　　　　我国高技术产业技术创新效率评价指标体系

创新投入指标	R&D人员全时当量
	R&D经费内部支出
创新产出指标	专利申请数
	新产品销售收入

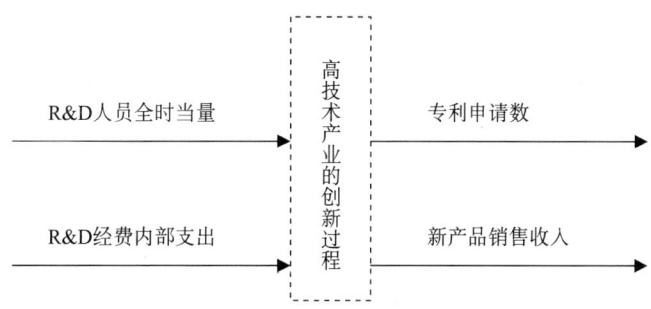

图4-1　高技术产业创新过程

4.3 模型构建

4.3.1 DEA 方法简介

数据包络分析方法（Data Envelopment Analysis，DEA）就是根据输入数据和输出数据来评价决策单元的优劣，它是 1978 年由美国著名的运筹学家 Charnes 和 Cooper 等学者，在相对效率概念的为基础上发展的一种效率评价方法。在本书的研究中，我们将高技术产业创新投入指标数据看作输入数据，将创新产出指标数据看作输出数据，将要评价的省市视为若干个决策单元，因此 DEA 方法比较适用于本书的研究需要。另外，值得注意的是：DEA 所测度的效率指的是"技术效率"，和生产率的概念不等同①②③。

生产率（productivity）：是经济学中常用的一个名词。是指厂商在生产产品的过程中，每单位投入的产出量。

技术效率（technically efficiency）：一个企业如果处在生产边界 OF 上，那么 OF 上所有的点都代表技术有效，处在 OF 以下的点都是技术无效的。如图 4-2 中，A 点就表示一个无效点，因为在不增加任何投入的情况下它可以将产出提高到 B 点所处的水平上。另一方面，如果它只想维持 A 点的产出水平的话，完全可以减少投入到 C 点所处的水平。B 点和 C 点都处在生产边界上，它们都是技术有效的点。

二者具体的区别见图 4-2。OX 表示生产投入，OY 表示生产产出。从原点 O 出发的曲线 OF 代表生产前沿（production frontier），表示满足最优化条件的曲线。

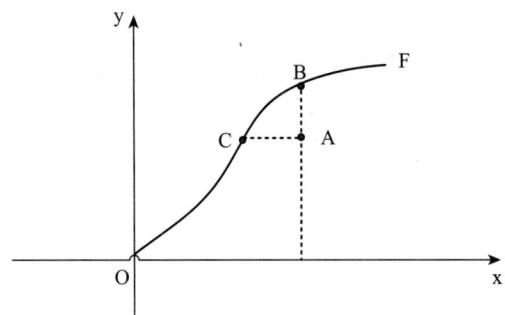

图 4-2　生产前沿与技术效率

---

① 魏权龄. 评价相对有效性的 DEA 方法 [M]. 北京：中国人民大学出版社，1998：34-65.
② Charnes A, Cooper W W, Rhodes E. Measuring the Efficiency of Decision Making Units [J]. European Journal of Operational Research, 1978, 2 (6)：429-444.
③ Banker R D, Charnes A, Cooper W W. Some Models for Estimating Technical and Scale Inefficencies in Data Envelopment Analysis [J]. Mangement Science, 1990, 30 (9)：1078-1092.

技术效率与生产率的差异：以下用图 4-3 来阐明技术效率与生产率的差异。射线上某个点的斜率 y/x 就是该点的生产率。

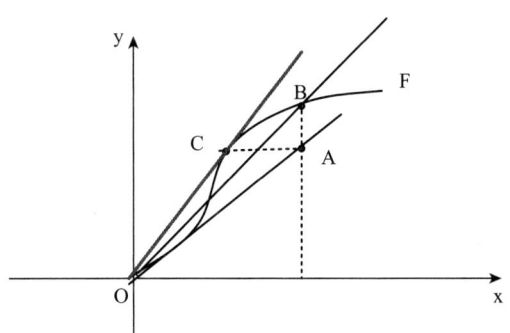

图 4-3　生产率、技术效率以及规模经济

如果一个企业从 A 点移动到 B 点，那么意味着随着射线斜率的增大，企业在 B 点的生产效率更高。射线再次向上移动，移动到与生产边界 OF 相切，相切的点 C 代表了生产率最大的点。射线第一次移动是在既定的投入下寻求最大生产率；第二次移动是在最大生产率的情况下寻求最优的规模。点 C 代表了最优规模点，生产边界上的其他任何点的生产率都没有 C 点高。

根据以上，得出结论，一个企业在技术有效时并不一定代表这时生产率最高，也许可以通过改变规模的方式来产生同样水平的生产率。但是，在实际中，企业规模的变化绝不是短时间内就可以灵活实现的。所以，在某些情况下，技术效率可以在短时间内实现，但生产率的提高需要花费更长的时间。

如果我们考虑时间因素，生产边界有可能整体上升，如图 4-4，这时，导致生产率变动的可能是技术进步（technical change，又称为"技术变化"）的原因。

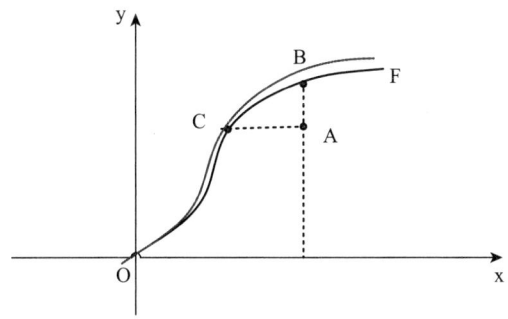

图 4-4　两个时期之间的技术进步

根据以上的分析，如果某个企业的生产率有所提高，这种提高有可能来源于效率的提升，也有可能来源于规模经济，还有可能来源于技术进步，更有可能是这三种因素或其中的两种因素共同作用的结果所导致的。

4.3.2 DEA 效率评价原理

目前，DEA 方法已广泛运用于很多方面的科学研究。它的评价思想是：有一组类型相同或相似的评价对象，在 DEA 方法中，我们把它们称作为决策单元（Diesel Multiple - Unit，简称 DMU），每个决策单元都是多投入多产出，而且它们的投入要素和产出结果的类型相同，只是具体的数据不相同。如果是单投入、单产出的决策单元，要想比较它们之间的效率值就非常简单，只需要计算出每个决策单元的产出与投入的比值就可以了，但是对于多投入多产出的决策单元，就不能简单计算产出投入比，于是我们要想评价这若干个决策单元的相对效率值，就要选择合适的数学模型，将投入产出数据输入，便可得到结果，然后对评价结果进行对比和分析①。

DEA 分析分为两步，第一步利用给定的 DMU 的输入输出数据，借助于线性规划模型构造理想的生产前沿面。第二步，再一次通过线性规划模型计算每一个 DMU 的效率值。当然，选择的模型不同，所构造的理想的生产前沿面和判定标准就不同，具体选择哪种模型，要看具体的评价要求。如图 4 - 5 所示。

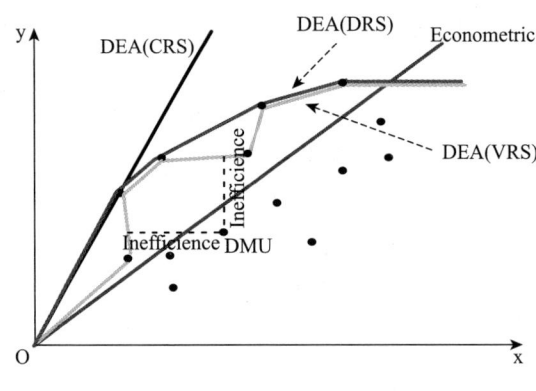

图 4 - 5　生产前沿线

DEA 中，每一个决策单元的效率值在 0—1，处在生产边界上的任一点的效率值为 1，处在生产边界下的任一点的效率值均小于 1。一般常用两种模型：规模收益不变 C^2R 模型（CRS）和规模收益可变 BC^2 模型（VRS），每个模型都有投入导向和产出导向两种形式。

4.3.3 DEA 基本模型

1. 规模报酬不变的 DEA 模型——C^2R 模型（CRS DEA）

该模型是最早开发出来的，前提条件是假设规模报酬不变。最简单的函数形式就是一元线性回归，函数形式为 $y = kx$，因此，我们构造出来的生产前沿线就是一条过原点的射

---

① 段永瑞. 数据包络分析：理论和应用 [M]. 上海：科学普及出版社，2006：22 - 25.

线，如图4-6所示。

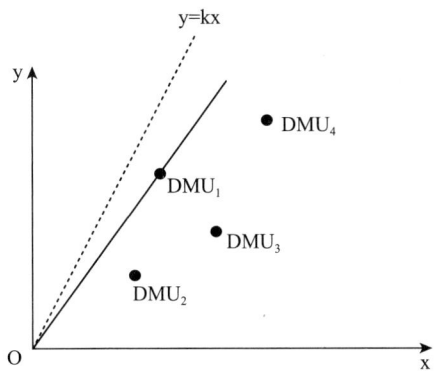

图4-6 C^2R模型的生产前沿线

C^2R模型的线性规划形式为：

min θ

st. $\sum_{j=1}^{n} X_j \lambda_j \leq \theta X_0$

$\sum_{j=1}^{n} X_j \lambda_j \geq Y_0$

$\lambda_j \geq 0$，j = 1, 2, …, n。

上式中θ代表标量，λ代表一个I×1常数向量。求解得到的θ值将是第i个决策单元的效率值。

2. 规模报酬可变的DEA模型——BC^2模型（VRS DEA）

现实中，规模报酬不变的情况几乎不存在，因此，后来又开发出了规模报酬可变假设下的模型。在C^2R模型中加入凸性约束条件$\sum_{j=1}^{n} \lambda_j = 1$，这类模型的设定可以和CRS DEA一起度量出DMU的规模效率（scale efficiency，SE），构造的前沿面如图4-7所示。

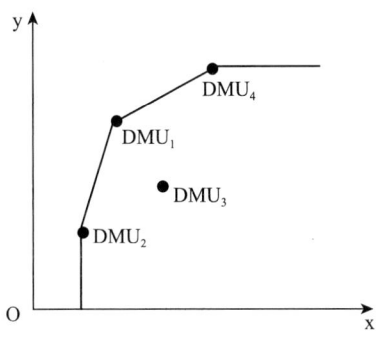

图4-7 BC^2模型的生产前沿线

BC² 模型的线性规划形式为：

min θ

$$\text{st.} \sum_{j=1}^{n} X_j \lambda_j \leq \theta X_0$$

$$\sum_{j=1}^{n} X_j \lambda_j \geq Y_0$$

$$\sum_{j=1}^{n} \lambda_j = 1$$

$$\lambda_j \geq 0, \ j = 1, 2, \cdots, n_\circ$$

通过计算 CRS（C²R）以及 VRS DEA（BC²），就可以获得每个 DMU 的效率值。

4.4　评价结果分析

通常，创新投入对创新产出具有长期持续效应，即创新产出对创新投入具有一定的滞后期。关于滞后期的选择，本书遵循国内大多数研究中对于研发活动创新产出滞后期的确定[1][2][3][4]，将滞后期确定为 2 年，稍短于国外平均水平。这也比较符合我国经济发展快速的现状，对于很多研发创新活动，无论是从政府官员的角度，还是企业管理者的角度都期望能够缩短从投入到产出的时间和过程。因此，本书关于创新产出对创新投入滞后期的确定基本符合我国的实际国情，投入与产出数据相隔两年进行对应，如 2004 年投入数据对应 2006 年的产出数据，后面依次为 2005 年投入数据对应 2007 年的产出数据……2013 年的投入数据对应 2015 年的产出数据。经过对《中国高技术产业统计年鉴（2005—2016）》数据的收集，发现西藏自治区大部分数据不全，青海、内蒙古、宁夏个别专利申请数据缺乏，为使计算方面，进行了以下处理：添加 2007 年内蒙古、宁夏、专利申请数为 1；添加 2008 年内蒙古专利申请数为 1；添加 2010 年青海专利申请数为 1；添加 2011 年青海专利申请数为 1。其他缺失数据取前后两年的平均值，予以补充。因此本研究最终选取中国大陆 30 个省市最为基本评价单元，西藏以及港、澳、台地区不予考虑。数据时间跨度各为 9 年：投入指标数据为 2004—2013 年；产出指标数据为 2006—2015 年，数据特征见表 4 - 3。

---

[1]　魏洁云, 江可申, 李雪冬. 我国高技术产业研发效率分析 [J]. 科技进步与对策, 2012, 29 (24): 96 - 99.
[2]　潘雄峰, 刘凤朝. 中国区域工业企业技术创新效率变动及其收敛性研究 [J]. 管理评论, 2010, 22 (2): 59 - 64.
[3]　白俊红, 李婧. 政府 R&D 资助与企业技术创新——基于效率视角的实证分析 [J]. 金融研究, 2011, 372 (6): 181 - 193.
[4]　陈修德, 梁彤缨. 中国高新技术企业研发效率及其影响因素——基于面板数据 SFPF 模型的实证研究 [J]. 科学学研究, 2010, 28 (8): 1198 - 1205.

表4-3　　　　　投入产出变量数据的描述性统计（2004—2015年）

变量	R&D人员全时当量（人年）			R&D经费内部支出（万元）			专利申请量（件）			新产品销售收入（万元）		
年度	max	min	ave	max	min	ave	max	min	ave	max	min	ave
2004年	28282	6	4028	922333	50	97382						
2005年	47488	12	5772	381402	38	84830						
2006年	55555	10	6300	1565556	234	152166	14883	1	810	20888084	186	2749622
2007年	92877	7	8275	1801062	234	181783	20996	1	1148	19753304	320	3434407
2008年	114772	5	9503	2275140	88	218399	21185	1	1322	29913827	418	4293172
2009年	127449	66	12556	2975035	2262	287459	30864	21	2377	35731530	516	4577548
2010年	156235	10	12873	3630850	648	312203	26740	1	1989	60464340	215	5454921
2011年	179117	36	17039	4809951	361	480284	39338	1	3325	73603509	3298	7249468
2012年	224334	66	20774	5760005	1486	577930	45449	3	4123	85195533	2253	8248722
2013年	208174	103	22341	6612820	3448	678064	49691	16	4770	97687742	10065	10409088
2014年							58119	8	5557	108574709	11262	11831392
2015年							50629	16	5282	123288580	55221	13804486

数据来源：《中国高技术产业统计年鉴》（2005—2016），经整理而得。

1. 各个省市规模可变的综合效率

表4-4中的效率值来源于通过DEA方法计算的30个省份创新静态技术效率值，其中大部分省市在9年间均未达到技术有效，均未处于总效率的前沿面上。而且，观测年份内各省市的综合效率值均有差异，见表4-4。

表4-4　　　　　2006—2015年期间30个省市规模可变的综合效率

年度\地区	2006年	2007年	2008年	2009年	2010年	2011年	2012年	2013年	2014年	2015年
北京	0.190	0.717	0.888	0.347	0.276	0.915	1.000	0.755	0.834	0.273
天津	1.000	1.000	1.000	0.346	0.244	1.000	1.000	0.978	0.958	0.535
河北	0.057	0.081	0.192	0.067	0.044	0.173	0.326	0.321	0.385	0.179
山西	0.415	0.888	0.877	0.573	0.334	0.273	0.898	0.578	0.271	0.127
内蒙古	0.191	0.015	0.013	0.070	0.060	0.284	0.548	0.485	0.280	0.314
辽宁	0.090	0.173	0.536	0.069	0.050	0.465	0.422	0.449	0.397	0.161
吉林	0.111	0.200	0.225	0.262	0.059	0.318	1.000	0.461	0.400	0.186
黑龙江	0.041	0.042	0.118	0.028	0.022	0.088	0.153	0.228	0.290	0.109
上海	0.733	0.824	0.623	0.212	0.178	0.397	0.338	0.578	0.565	0.177
江苏	0.197	0.310	0.717	0.198	0.142	0.738	0.828	0.566	0.619	0.340
浙江	0.186	0.210	0.197	0.089	0.058	0.373	0.688	0.624	0.492	0.255
安徽	0.241	0.181	0.273	0.160	0.112	0.711	0.888	0.835	0.999	0.417
福建	0.511	0.519	0.835	0.198	0.134	0.696	0.618	0.418	0.388	0.201
江西	0.050	0.084	0.150	0.083	0.062	0.220	0.384	0.430	0.600	0.259
山东	0.326	0.535	0.487	0.197	0.135	0.704	0.633	0.521	0.487	0.233

续表

年度 地区	2006年	2007年	2008年	2009年	2010年	2011年	2012年	2013年	2014年	2015年
河南	0.072	0.170	0.302	0.120	0.087	0.224	0.572	1.000	1.000	1.000
湖北	0.070	0.121	0.186	0.130	0.073	0.287	0.521	0.361	0.290	0.143
湖南	0.067	0.089	0.776	0.307	0.090	0.586	0.886	0.893	0.839	0.507
广东	0.422	1.000	0.429	0.101	0.086	0.541	0.521	0.557	0.477	0.244
广西	0.118	0.072	0.155	0.067	0.048	0.385	0.785	0.391	0.338	0.171
海南	0.327	0.169	0.355	1.000	0.139	1.000	1.000	1.000	0.627	0.149
重庆	0.146	0.172	0.599	0.231	0.112	1.000	0.667	0.769	0.793	1.000
四川	0.122	0.259	0.336	0.108	0.034	0.365	0.699	1.000	0.844	0.239
贵州	0.201	0.121	0.141	0.063	0.128	0.237	0.312	0.521	0.473	0.158
云南	0.104	0.625	0.487	0.219	0.073	0.496	0.756	0.378	0.325	0.121
陕西	0.053	0.099	0.143	0.036	0.027	0.139	1.000	0.269	0.200	0.081
甘肃	0.136	0.080	0.889	0.142	0.067	0.193	0.219	0.464	0.478	0.205
青海	1.000	1.000	0.107	0.235	0.035	0.285	0.299	1.000	0.247	0.115
宁夏	0.048	0.116	0.599	0.157	0.061	0.021	0.151	0.885	0.357	0.394
新疆	1.000	1.000	1.000	0.460	1.000	0.488	0.529	0.181	1.000	1.000

数据来源:《中国高技术产业统计年鉴》(2005—2016),经计算而得。

2. 全国高技术产业创新的综合效率分析

2015 年全国范围内高技术产业创新的综合效率值较 2006 年有所提高,但提高的程度并不大。9 年间,其综合效率值经历了两涨两落的趋势,2006 年起我国高技术产业综合效率值一直攀升,至 2008 年达到第一个最高值,之后在 2009 年又有了明显的下降。下降的原因主要是受美国的次贷危机引发的世界性经济衰退的影响,致使我国经济从 2008 年下半年也出现了衰退的现象,尤其是对实体经济的影响较为显著,并导致了我国高技术产业创新效率在 2010 年跌到 0.094。到 2011 年高技术产业的创新效率又逐步回升,继 2012 年创新高 0.575 之后 2013、2014、2015 年又稍有回落。见图 4-8。

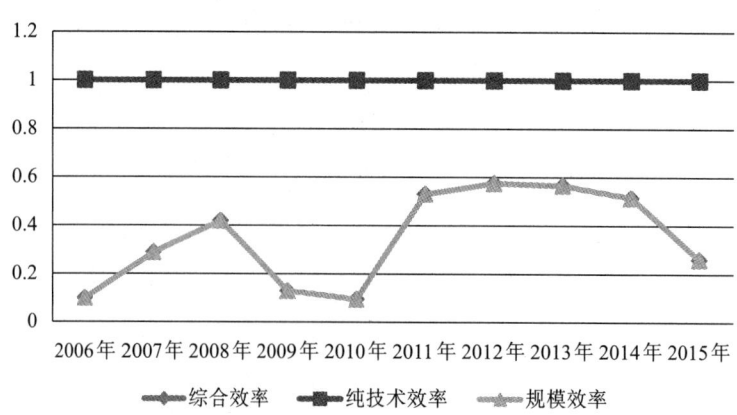

图 4-8 2006—2015 年全国高技术产业总体效率水平图

另一方面，2006—2015年纯技术效率值均为1，因为综合效率是纯技术效率与规模效率的乘积，所以，当纯技术效率等于1时，规模效率值就等于综合效率值。纯技术效率值主要受决策单元的管理水平和技术的先进程度影响。纯技术效率值越高，代表决策单元的技术越先进，管理水平越高。规模效率反映的是实际规模与最优生产规模的差距。规模效率值越高，说明决策单元的生产规模越接近于最优规模。而综合效率则是对决策单元的资源利用的整体情况的反映。根据表4-5及以上分析可以看出，我国高技术产业在管理和技术因素上并未影响到综合效率，综合效率的高低主要受规模效率影响，换句话说，这表明我国高技术产业的规模与当前得出技术水平并不适应。见表4-5。

表4-5　　　　　　　　2006—2015年高技术产业总体效率水平

年度	2006年	2007年	2008年	2009年	2010年	2011年	2012年	2013年	2014年	2015年
综合效率	0.098	0.289	0.419	0.129	0.094	0.530	0.575	0.566	0.515	0.260
纯技术效率	1	1	1	1	1	1	1	1	1	1
规模效率	0.098	0.289	0.419	0.129	0.49	0.53	0.575	0.566	0.515	0.260

数据来源：《中国高技术产业统计年鉴》（2005—2016），经计算而得。

3. 三大地区高技术产业创新效率的分析

表4-6中，除了2013年、2015年，东部地区纯技术效率值多为1，说明东部地区高技术产业投入资源使用好，主要是因为规模无效导致未达到综合效率有效。东部地区大多是沿海城市，高技术产业的发展主要以智力资源和技术力量为依托，因而投入的资源使用效率较高。中部地区和西部地区未能达到综合效率有效的原因，一方面在于投入资源的使用情况欠佳，另一方面也在于规模无效。中、西部地区的发展相对缓慢，尤其是西部地区，虽然地域广阔、物质资源丰富，劳动力充足，但缺少优良的智力资源和技术资源，因而纯技术有效也未能达到，再加上中西部传统产业较多、企业规模大、层级结构复杂、冗员众多，致使规模无效，两者综合效应的最终结果是综合效率未达到1。

表4-6　　　　　　　　2006—2015年三大地区高技术产业综合效率水平

效率 年度	东部地区			中部地区			西部地区		
	综合效率	纯技术效率	规模效率	综合效率	纯技术效率	规模效率	综合效率	纯技术效率	规模效率
2006年	0.341	1	0.341 (drs)	0.070	0.380	0.183 (drs)	0.094	0.337	0.279 (drs)
2007年	0.377	1	0.377 (drs)	0.112	0.196	0.575 (drs)	0.173	0.336	0.513 (drs)
2008年	0.457	1	0.457 (drs)	0.219	0.584	0.374 (drs)	0.256	0.496	0.517 (drs)
2009年	0.133	1	0.133 (drs)	0.125	0.981	0.127 (drs)	0.096	0.55	0.174 (drs)

续表

效率 年度	东部地区			中部地区			西部地区		
	综合效率	纯技术效率	规模效率	综合效率	纯技术效率	规模效率	综合效率	纯技术效率	规模效率
2010年	0.109	1	0.109 (drs)	0.061	0.836	0.073 (drs)	0.039	0.535	0.072 (drs)
2011年	0.583	1	0.583 (drs)	0.305	0.756	0.404 (drs)	0.347	0.575	0.604 (drs)
2012年	0.583	1	0.583 (drs)	0.488	0.714	0.683 (drs)	0.472	0.683	0.691 (drs)
2013年	0.563	0.996	0.565 (drs)	0.573	0.971	0.590 (drs)	0.585	0.946	0.618 (drs)
2014年	0.517	1	0.517 (drs)	0.537	1	0.537 (drs)	0.461	0.835	0.551 (drs)
2015年	0.253	0.998	0.253 (drs)	0.338	0.962	0.352 (drs)	0.253	1	0.253 (drs)

注：drs 表示规模报酬递减。

数据来源：《中国高技术产业统计年鉴》（2005—2016），经计算而得。

（1）三大地区高技术产业综合效率分析

东部地区、中部地区、西部地区高技术产业的综合效率变化趋势较为相似，从 2006 年逐步攀升至 2008 年达到最高点，之后由于金融危机的影响在 2010 年跌到历史的最低点，此后开始逐渐提高。2013 年之后达到第二次最高点后又有所下降，截至 2015 年，三大地区综合效率的发展态势基本相似，但东部与中、西地区之间差异较大，但是 2015 年来地区间的差异逐渐缩小。见图 4-9。

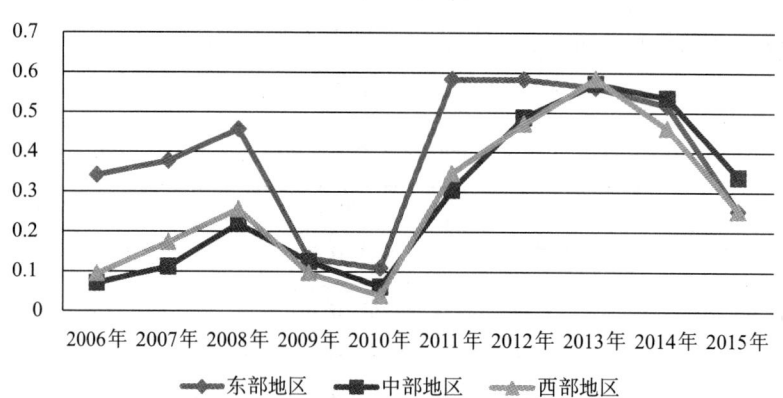

图 4-9 2006—2015 年三大地区高技术产业综合效率水平图

（2）三大地区高技术产业纯技术效率分析

根据前面的分析了解到：纯技术效率是靠提升管理水平，改进技术及设备的先进性所带来的效率，和综合效率比起来，它能更加纯粹地反映出决策单元管理的先进程度。

2006—2015年三大地区纯技术效率状况见图4-10。

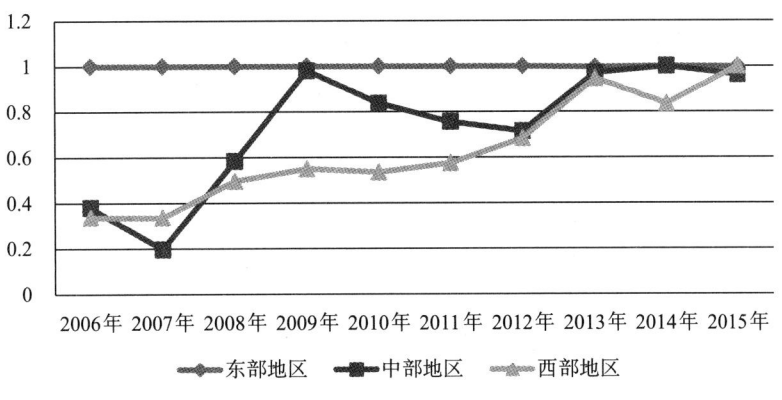

图4-10 2006—2015年三大地区高技术产业纯技术效率水平图

从图4-10可以看出,2006—2015年东部地区纯技术创新效率在大多数观测年份均为1,普遍高于中、西部地区,反映出东部地区高技术产业的经营管理能力较强,企业资源配置得当。同时也反映出中部地区和西部地区高技术产业经营管理创新能力较弱,尤其是西部地区整体水平更低。但中部地区相对于西部地区来说纯技术创新效率水平变化更为激烈,不过在2013年和2015年,三大地区纯技术创新效率的差异逐渐缩小,趋于一致,说明近些年国家的一些举措起到了一定作用。

(3) 三大地区高技术产业规模效率分析

这里,首先要区分规模效率和规模报酬的概念。规模报酬就是规模收益,规模收益值=既定决策单元对应的所有λ的和,规模效率=综合效率/纯技术效率,反映投入的各种要素是否得到了最优化的利用,还可以反映出现有的规模需要做怎样的调整可以促使效率值的提升。前者是反映规模报酬的阶段状态,后者是反映规模因素对综合效率的影响力有多大。表4-6中drs反映的是规模报酬所处的阶段,图4-11反映的是规模效率的变化情况。

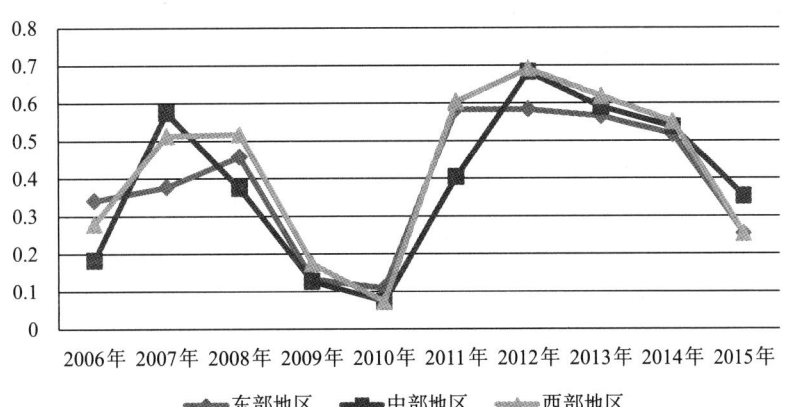

图4-11 2006—2015年三大地区高技术产业规模效率水平图

图 4-11 中，2006—2015 年三大地区高技术产业均未达到规模有效，并且大体的变化趋势相近，其中 2010 年规模效率值跌到最低。一般来说，导致规模非有效的状态可能有两种情况：一种是规模报酬处于递增阶段，但是还未到最优状态，而另一种情况恰恰与此相反，规模报酬处于递减阶段，已经超过了最优状态。规模报酬递增表示在当前的技术水平下，企业规模偏小，还可以加大投入要素以带来更多的产出。相反，规模报酬递减表示投入要素太多，企业规模过大，不断扩大的规模不仅没有促进产出的增加，反而带来了产出的减少，这就产生了规模不经济，造成大量资源无效消耗。从表 4-6 可以看出，三大地区高技术产业在 2006—2015 年均处于规模报酬递减阶段，一直以来我国高技术产业生产要素投入不低，但投入的要素的利用率不高，资源闲置和浪费现象比较突出。今后高技术产业应该放缓投入量，改进技术水平，提升管理能力，努力提高要素的使用率。

4.5 本章小结

本章在相关指标体系建立原则的指引下，结合国内外学者使用频率最高的指标，设置了我国高技术产业创新效率评价的投入产出指标，结合各类统计年鉴中高技术产业相关数据，运用 DEA 模型对 2006—2015 年我国高技术产业创新效率进行了评价。总体来看，评价的 30 个省份中，大部分省份的高技术产业未达到技术创新效率有效；从地域上来看，东部与中、西部地区高技术产业创新效率差异较大，创新效率的变化趋势基本一致，近三年出现差异收敛的趋势。从计算结果来看，2008 年开始，三大地区高技术产业的纯技术效率和规模效率都有所下降，到 2010 年达到最低后逐渐有所攀升。主要是因为 2008 年的金融危机的波及和影响，从而使得综合创新效率整体滑落。另一方面，中、西部地区高技术产业的综合创新效率低于纯技术创新效率和规模效率，表明处在这些地区的高技术产业管理水平落后，资源配置不合理，企业规模不适宜，不是偏大就是偏小，和企业本身的发展完全不匹配。东部地区高技术产业纯技术创新效率基本上处于 DEA 有效阶段，这反映出东部地区的企业管理水平较高，资源的利用也较为合理，未达到技术创新有效的主要原因是企业规模不适宜。

第5章 中国区域高技术产业创新效率的空间差异分析

根据上一章的评价结果可知，我国各省份在高技术产业创新方面的投入总量和强度逐年提高，创新活动在各方面取得了较为明显的成果。但实际上，纵观各个区域，高技术产业的创新效率却不是很高，而且不同地域之间存在效率差异（尤其是东部与中、西部地区差异）的问题也不容忽视。虽然近几年东部与中、西部地区的差异呈收敛状态，但这种状况我们也不能过于乐观。另一方面，根据第2章文献述评部分了解到，目前大部分研究在考虑差异问题时，只考虑了时间维度，并未考虑空间因素①②③。而人们在经济发展的实践活动中发现空间聚集、产业集聚等现象对国家与区域经济的发展也来越重要。因此，从空间关联的角度来研究区域高技术产业创新效率的问题就显得刻不容缓④⑤⑥⑦。本章从空间关联的角度分析我国区域高技术产业创新效率的差异化问题：通过 ArcGIS 中的全局空间趋势分析、变异系数的计算及泰尔指数的分解多方面、多层次展现空间差异的变化趋势及特点，力求对空间差异予以全面的展现。在分析我国区域高技术产业创新效率的空间差异时分为两个阶段：第一阶段，确定区域高技术产业创新效率空间差异的衡量指标（本书是从创新投入和创新产出的角度去评价我国高技术产业的创新效率的，因此，比较高技术产业创新效率的空间差异也从这两方面去分析），比较其绝对差异，并利用 ArcGIS 中的全局空间趋势分析进行可视化的展现；第二阶段，通过计算变异系数来反映我国区域高技术产业创新效率空间差异在观测年份内的演变过程，通过计算泰尔指数以及分解泰尔指数展现

---

① 高建，柳卸林. 中国高技术创新能力的地区特征[J]. 中国科技论坛，1994（1）：42-45.
② 李萍萍. 西部高新技术企业研发效率研究[D]. 内蒙古大学，2010.
③ 池仁勇，虞晓芬，李正卫. 我国东西部地区技术创新效率差异及其原因分析[J]. 中国软科学，2004（8）：128-131.
④ 陈斐，杜道生. 空间统计分析与 GIS 在区域经济分析中的应用[J]. 武汉大学学报（信息科学版），2002，27（4）：391-396.
⑤ Getis A, Ord J K. The Analysis of Spatial Association by Use of Distance Statistics [J]. Geographical Analysis, 1992, 24（3）: 189-206.
⑥ Ying L G. China's Changing Regional Disparities during the Reform Period [J]. Economic Geography, 1999, 75（1）: 59-70.
⑦ Gallo J L. Exploratory Spatial Data Analysis of the Distribution of Regional per Capita GDP in Europe, 1980—1995 [J]. ReginalSciene, 2003, 82（2）: 175-201.

东、中、西部三大地区间和地区内省市间的空间差异,并探寻对这种差异影响最大的地区。

5.1 测度指标和测度方法

5.1.1 测度指标

测度区域差异常用两类指标:总量指标和人均指标。但是,采用以上单一指标测度有时并不能反映区域差异的全貌,而区域高技术产业创新活动是个多元化结构问题,对于它的效率差异的测度比较适合采用综合指标体系。在第 4 章,我们从效率的概念出发,效率的评价指标采用了创新投入和创新产出指标体系,因此,本章延续使用第 4 章高技术产业创新效率的投入和产出指标体系来测度其空间差异。

5.1.2 测度差异的方法

1. 绝对差异的计算

绝对差异的计算通常比较简单,我们可以找到样本的最大值和最小值,然后用最大值-最小值来反映其绝对差异,也可以先求出样本的平均值,然后用极大值-平均值,或用平均值-极小值,通常情况下,一般在分析两个地区之间样本差异或是某个区域和全国平均水平之间的样本差异时,较多采用。

但是,如果我们要对比的区域较多时,采用以上的方法就稍显困难,而且采用以上方法计算区域绝对差异有可能会因为一些特殊原因(比如经济指标平均值较高的地区往往是面积较大、人口较少的区域)而出现偏大现象。为了规避这一现象,我们可以借助计算极分位数的差额来衡量样本的绝对差异。

2. 相对差异的计算

相对差异的计算常用的也有两种方式:一种方式是用样本的极大值/极小值,测算其比率;另一种是用样本的极大值/样本均值,或用样本均值/样本极小值。当然,也可以选择极分位数差率来衡量。

3. 综合差异系数的计算

对于综合差异系数的计算,常用的指标比较多,见下列公式。具体选择哪种,可以根据实际情况和数据特点来选用。

(1) 标准差

$$s = \sqrt{\frac{\sum_{i=1}^{N}(x_i - \bar{x})^2}{N}} \tag{5.1}$$

式（5.1）中，s 是标准差值；N 是样本数；x_i 是 i 区域的经济指标值；$\bar{x}$ 是所有样本区域经济指标的均值。计算结果 s 值的大小与样本区域差异的大小呈正相关关系。

（2）相对平均离差和变异系数

$$D = \frac{1}{N}\sum_{i=1}^{N}\left|\frac{x_i - \bar{x}}{\bar{x}}\right| \times 100\%, \quad V = \frac{1}{\bar{x}}\sqrt{\frac{1}{N}\sum_{i=1}^{N}(x_i - \bar{x})^2} \tag{5.2}$$

式（5.2）中，参数 N、x_i、i 的含义与式（5.1）中相同。D 值代表相对平均离差值；V 代表变异系数值。

如果计算结果 D 值和 V 值都大于零，它们的大小与样本区域差异的大小呈正相关关系。

（3）加权平均离差和加权变异系数

以上指标虽然可以衡量样本区域间的差异，但是没有考虑不同区域经济指标的权重，这与实际情况有出入。因此，为了避免这一缺陷，我们可以用各区域人口数与总样本区域人口数之比作为权重，计算加权平均离差和加权变异系数。

$$D_w = \sum_{i=1}^{n}\left(\left|\frac{x_i - \bar{x}}{\bar{x}}\right| \times \frac{p_i}{p} \times 100\%\right) \tag{5.3}$$

$$V_w = \frac{1}{\bar{x}}\sqrt{\sum_{i=1}^{n}\left[(x_i - \bar{x})^2 \times \frac{p_i}{p}\right]} \tag{5.4}$$

式（5.3）、式（5.4）中，D_w 是加权平均离差；V_w 是加权变异系数；p_i 是 i 区域的人口数；p 是所有样本区域的总人口数。当然，权重的设计不仅仅只能用人口数的比值，我们也可以根据其他的需要而有所变化。

（4）泰尔指数

泰尔指数原本是用来分析区域收入水平差异的，但现在对泰尔指数的使用比较广泛，也可以用它来反映区域创新效率的差异，只需要将公式中收入指标换成相应的创新指标即可。另外，对泰尔指数进行分解后，还可以衡量出区域内差距和区域间差距对总差距的贡献，这样做的好处是，差异的来源一目了然。它的计算公示如下：

$$T = \sum (g_i/G) \times \lg[(g_i/G)/(p_i/p)] \tag{5.5}$$

式（5.5）中，T 是泰尔指数；g_i 是第 i 个区域的 GDP 值，G 是所有样本区域的 GDP 值；p_i 是第 i 个子区域的人口数，p 是所有样本区域的总人口数。

有时，总区域内又可以进一步细分成经济地带，例如我国东、中、西部地区的划分，这时我们可以对泰尔指数进行分解。具体可以分解为区际差异和区内差异，其分解公示如下：

$$T = T_b + T_w = T_b + \sum G_i T_{w(i)} \tag{5.6}$$

式中

$$\begin{cases} T_b = \sum G_i \times \lg(G_i/P_i) \\ T_{w(i)} = \sum (g_j/G_i) \times \lg(g_j/G_i)/(p_j/P_i) \\ G_i = \sum g_j, j \in i(i = 1,2,\cdots,n) \\ P_i = \sum p_j, j \in i(i = 1,2,\cdots,n) \end{cases} \tag{5.7}$$

式（5.6）、式（5.7）中，T_b代表区际差异；T_w代表区内差异，它是各样本区域内部差异$T_{w(i)}$的加权和；权重G_i是第 i 个区域 GDP 值/样本区域 GDP 总值；P_i为第 i 个区域人口数/样本区域的人口总数；g_j为细分的经济地区内第 j 个区域 GDP 值/地区内所有区域的 GDP 的总值；p_j为细分的经济地区内第 j 个子区域人口数与地带内所有区域的人口数之比。泰尔指数的大小与区域差异的大小成正相关关系。

5.2 测度结果

5.2.1 东、中、西部三大地区创新效率的投入产出指标的宏观比较

1. 东、中、西部三大地区的划分

要想了解我国区域高技术产业创新效率的空间差异，仅仅对比样本 30 个省份之间的差异，并不能体现出整体区域发展中存在的问题，因此，我们试图将 30 个样本省份划分为若干大的区域（地区）。文献中最常见的划分方式就是东、中、西部地区的划分。当然，南北地区的划分也比较常见。南北地区在自然环境方面、文化习俗及经济发展方面差异明显。本章借鉴大部分文献对于区域的划分经验及数据的可靠性原则考虑，将所涉及的区域划分为东、中、西部三大地区，考察我国高技术产业创新效率投入产出的区域空间差异。受数据可获得性的限制，中国香港、中国澳门、中国台湾地区未包括在本章的考察地区中。西藏自治区部分年份数据缺失，如若放在样本区域内会影响评价结果的有效性，因此也未在包括在评价范围内。

2. 我国高技术产业创新效率投入指标的区域绝对差异的测度

我国高技术产业创新效率投入指标的地带差异较大，东部地区投入的各项指标所占的比例要远远超过中部和西部地区。经过 12 年的发展，2015 年东部地区各项指标相比 2004 年均有少量增长。2015 年中、西部地区大部分指标相比 2004 年均有少量下降。但从总体的态势上来看，三大地区各占全国的比例结构均未有太大变化。见表 5-1，图 5-1。

表 5-1　　　　　　　　中国高技术产业东、中、西部创新投入情况

	2004 年	2015 年	2004 年	2015 年
	R&D 人员全时当量	R&D 人员全时当量	R&D 经费内部支出	R&D 经费内部支出
东部地区	67%	76%	82%	79%
中部地区	16%	14%	7%	12%
西部地区	17%	9%	11%	9%

数据来源：《中国高技术产业统计年鉴》（2005—2016），经计算而得。

3. 高技术产业创新效率产出指标的区域绝对差异的测度

本章采用专利申请数、新产品销售收入考察创新产出情况。专利申请数代表原创性的

第 5 章　中国区域高技术产业创新效率的空间差异分析

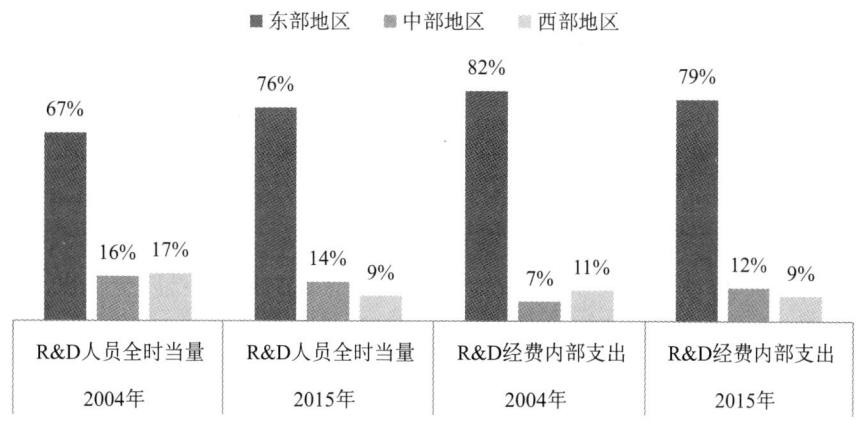

图 5-1　中国高技术产业东、中、西部创新投入情况比较

应用成果，新产品销售收入代表科技在工业企业中应用所取得的经济效益。采用这两个指标反映高技术产业创新比较常见。同投入指标相似，东部地区高技术产业创新效率产出指标占全国的比例较高，超出了中部和西部地区之和。经过了 12 年的发展，东部地区 2015 年创新产出指标相比于 2004 年有所下降，但是 2015 年中部和西部地区创新产出指标相比于 2004 年均有所增加。说明中、西部地区基础设施差、投入不力，同时对仅有的创新资源的利用程度也不高，进而导致创新产出偏低，与东部地区有较大差异。但是经过多年的发展，这一现状逐渐得到改善，中、西部地区正在大力追赶东部地区。见表 5-2、图 5-2。

表 5-2　　　　　　　　中国高技术产业东、中、西部创新产出情况

	2004 年 专利申请数	2015 年 专利申请数	2004 年 新产品销售收入	2015 年 新产品销售收入
东部地区	86%	79%	92%	79%
中部地区	7%	10%	3%	14%
西部地区	7%	8%	5%	6%

数据来源：《中国高技术产业统计年鉴》（2005—2016），经计算而得。

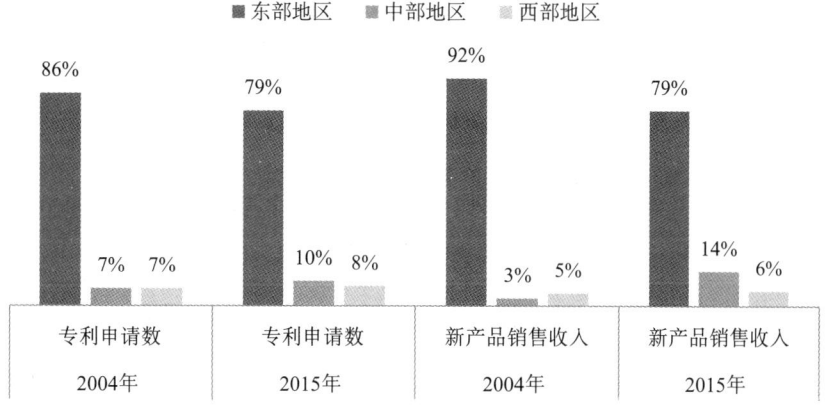

图 5-2　中国高技术产业东、中、西部创新产出情况比较

5.2.2 中国区域高技术产业创新效率的投入产出指标的全局空间分析

ArcGIS 中的全局空间趋势分析能够通过三维立体透视图的形式展现样本指标在空间内的变化趋势和特征。趋势分析图中在每一个平面上都会升起一条条的竖线，每一条竖线就是一个个数据值，数据值的大小则通过竖条的高低来显示。也就是说，样本指标的数据值大，竖线就高，样本指标的数据值小，竖线就低。而且每条竖线都有具体的地理坐标，竖线的顶点可以分别投影到东西平面和南北平面上。连接投影点就可以拟合出一条曲线来，用曲线就可以模拟出数据点分别在两个平面的趋势。如果拟合线是一条平直线，那么就代表没有任何趋势存在。例如，图 5-3、图 5-4 中，东西平面上的趋势线，呈现出西低东高依次上升的趋势，也就是说，我国高技术产业创新效率的投入指标从西部地区向东部地区呈梯度上升的态势。而南北平面上的趋势线与东西平面上的趋势相同，也呈现出北低南高依次上升的趋势。图 5-5、图 5-6 反映的是我国高技术产业创新效率产出指标的全局空间趋势，专利申请数和新产品销售收入趋势图东西方向也呈现出西低东高的梯度上升趋势，趋势线都不陡峭，趋于平缓。南北方向的趋势与东西方向相似，呈现的是北低南高的状态。总的来说，东部、南部地区在创新投入方面逐渐增多，相应的创新产出也出现增长的趋势；西部、北部地区创新投入少，多年来增长程度不大，相应的创新产出的增长程度也比较小。这一全局分析反映了现实中各个地区的创新投入和创新产出的绝对数虽然在不断增长，东西、南北差异也确实存在，但是，它不能反映出差异具体的变化特征以及细分差异的主要来源，因此，我们还需要借助于变异系数的计算及泰尔指数的计算和分解做更进一步的分析和展现。

5.3 中国区域高技术产业创新效率空间差异的变化特征

我国区域高技术产业创新效率的空间差异可以用变异系数、泰尔指数来衡量。两种方法计算方式不同，衡量的角度也不相同。之所以采用两种指标衡量，是为了展现空间差异的全貌。变异系数侧重考查其集聚或分散的程度；泰尔指数既可以考察空间差异，又可以辨别差异的主要来源地区。

5.3.1 变异系数的计算及变化

变异系数通常是用来比较可以样本之间的离散度的。变异系数的计算结果的大小与样本之间的离散程度呈正相关关系。变异系数的值大，说明样本间的离散程度大；变异系数的值小，说明样本间的离散程度小。具体的计算公式如下：

$$CV = \frac{Std}{Mean} \tag{5.8}$$

式（5.8）中，Std 代表标准差的值；Mean 代表样本的平均值。

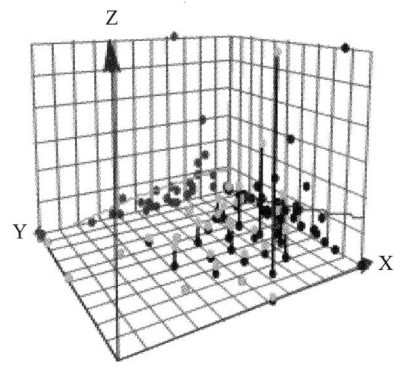

图 5-3　R&D 人员全时当量空间趋势
　　　　分析图（2015 年）

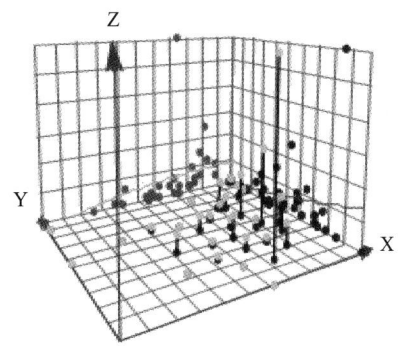

图 5-4　R&D 经费内部支出空间趋势
　　　　分析图（2015 年）

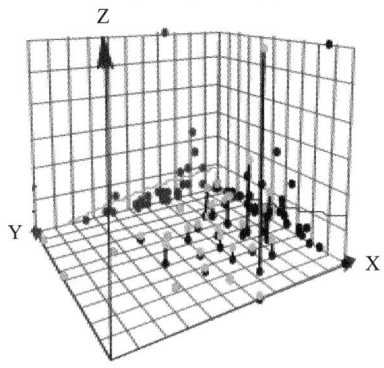

图 5-5　专利申请数空间趋势
　　　　分析图（2015 年）

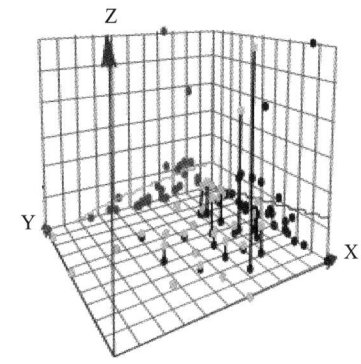

图 5-6　新产品销售收入空间趋势
　　　　分析图（2015 年）

1. 创新投入指标的变异系数

图 5-7 反映的是 R&D 人员全时当量的变异系数变化情况。R&D 人员全时当量的变异系数呈现出波浪式波动的态势，变异系数的值在 1.2~1.4 之间变化，在 2010 年达到最高点，过了 2010 年最高点后，处于波浪式下降的过程，在 2015 年基本降到最低点。变异系数的波浪式变化的趋势说明了这项指标在各地区之间的差异变化不是特别剧烈，变异系数的值十二年间相差也不是特别大。

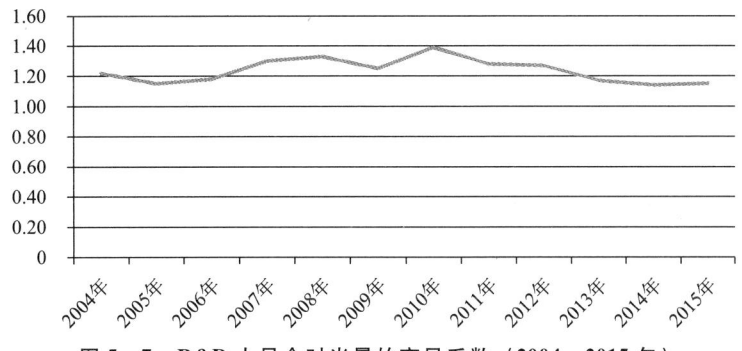

图 5-7　R&D 人员全时当量的变异系数（2004—2015 年）

如图 5-8 所示，2004—2015 年 R&D 经费内部支出的变异系数呈现出波浪式下降的趋势，在 2015 年降到最低。这一变化趋势说明：近年来，各地区之间 R&D 经费内部支出的差异逐渐趋于减小。

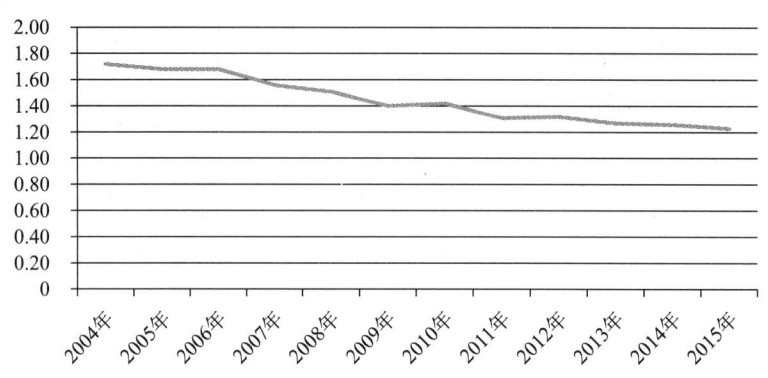

图 5-8　R&D 经费内部支出的变异系数（2004—2015 年）

2. 创新产出指标的变异系数

图 5-9 和图 5-10 反映的是我国高技术产业创新效率产出指标变异系数的变化情况。12 年来，无论是专利申请数还是新产品销售收入都呈现出变异系数波浪式下降的趋势，在 2015 年下降到最低。但是具体来看，专利申请数指标的变异系数相对于新产品销售收入指标来说，波浪变化的程度较大，在 2005 年有了大幅的上升后，在 2006 年达到最高点后又开始波浪式下降，但总的来说，依然是逐渐下降的趋势，这一变化趋势说明：近年来，各地区之间创新产出的差异逐渐趋于减小。而且，创新效率的产出指标总体相对于投入指标来说，变异系数的结果相差不大，在近几年，还呈现出越来越接近的趋势。

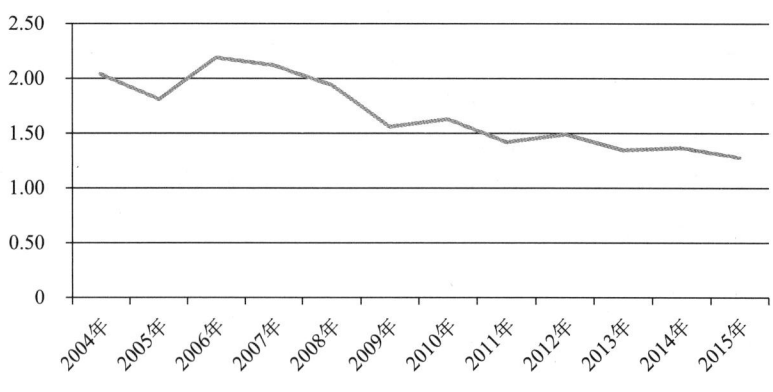

图 5-9　专利申请数的变异系数（2004—2015 年）

从以上的分析可以看出，虽然高技术产业创新效率的投入产出指标的变异系数呈逐渐下降的趋势，但变异系数的值仍然比较大，表明各类指标差异较大。

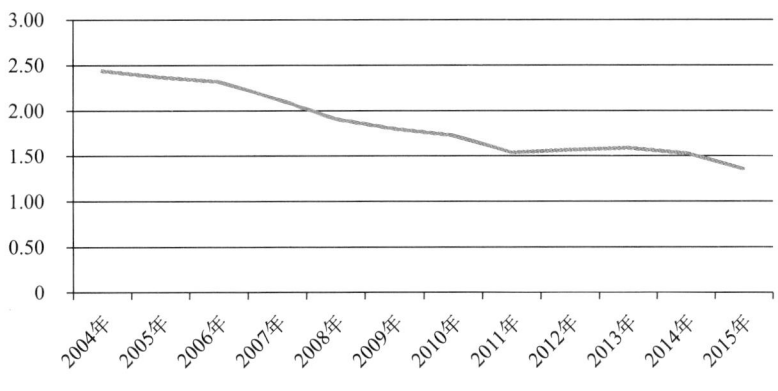

图 5-10 新产品销售收入的变异系数（2004—2015 年）

5.3.2 泰尔指数的分解及其变化

常用的泰尔指数有两种形式：如果以 GDP 比重作为权重加权计算的称作泰尔指数 T，如果以人口数比重作为权重加权计算的称作泰尔指数 L，本书认为，各个样本区域人口数不同，密度不同，衡量该区域高技术产业创新效率的差异比较适合采用人口比重加权的方法，因此，本章泰尔指数的计算采用的是泰尔指数 L，其公式如下：

$$L = \sum_{j=1}^{n} \frac{P_j}{P} \lg\left(\frac{\frac{P_j}{P}}{\frac{Y_j}{Y}}\right) \tag{5.9}$$

式（5.9）中，n 是所有样本省份的总数；Y_j 为第 j 省创新效率指标的值；Y 为全部样本省份总的创新效率指标值；P_j 为第 j 省年末人口数，P 为全部样本省份总的年末人口数。L 值的计算结果与区域高技术产业创新效率差异的大小成正比。

泰尔指数具备良好的可分解性质，在本书的研究中，我们将所有的样本省份分为东、中、西部三大地区，那么，就可以把总区域差异分解为地区间差异和地区内差异，地区间差异用 L_o 来表示，地区内差异用 L_p 来表示，具体的计算公式如下：

地区间的差异为

$$L_o = \sum_{i=1}^{3} \frac{P_i}{P} \lg\left(\frac{\frac{P_i}{P}}{\frac{Y_i}{Y}}\right) \tag{5.10}$$

式（5.10）中，Y_i 为第 i 地区创新效率指标的值；Y 为该项创新效率指标的全国总量；P_i 为第 i 地区的人口数；P 为全国总人口数。

第 i 地区（东、中、西三个地区）内各省之间的差异为

$$L_{pi} = \sum_{j=1}^{m} \frac{P_{ij}}{P_i} \lg\left(\frac{\frac{P_{ij}}{P_i}}{\frac{Y_{ij}}{Y_i}}\right) \tag{5.11}$$

则三大地区内差异为

$$L_p = \sum_{i=1}^{3} \sum_{j=1}^{m} \frac{P_{ij}}{P_i} \lg \left(\frac{\frac{P_{ij}}{P_i}}{\frac{Y_{ij}}{Y_i}} \right) \tag{5.12}$$

则泰尔指数 L 可以分解为

$$L = L_o + L_p$$

$$= \sum_{i=1}^{3} \frac{P_i}{P} \lg \left(\frac{\frac{P_i}{P}}{\frac{Y_i}{Y}} \right) + \sum_{i=1}^{3} \sum_{j=1}^{m} \frac{P_{ij}}{P_i} \lg \left(\frac{\frac{P_{ij}}{P_i}}{\frac{Y_{ij}}{Y_i}} \right) \tag{5.13}$$

1. 我国高技术产业创新效率投入产出指标的全国泰尔指数

表 5-3 中，包括了我国高技术产业创新效率投入产出指标的所有泰尔指数：反映东、中、西三大地区内各个省际差异的泰尔指数、反映三大地区间差异的泰尔指数、反映全国差异的泰尔指数。同时，用反映东、中、西三大地区内各个省际差异的泰尔指数和反映三大地区间差异的泰尔指数分别除以反映全国差异的泰尔指数就可以得到东、中、西部地区内差异和三大地区间差异对于总差异的贡献率，也就是说，能够明显地展现出差异的主要来源：究竟是地区内部还是地区间的差异对总差异的贡献大？具体计算结果如表 5-3 所示。

表 5-3　　中国高技术产业创新效率投入、产出指标的泰尔指数及其分解

指标	年份	泰尔指数					差异贡献%			
		东部	中部	西部	地区间	全国	东部	中部	西部	地区间
R&D 人员全时当量	2004 年	0.145	0.145	0.418	0.072	0.780	18.59	18.59	53.59	9.23
	2015 年	0.121	0.045	0.208	0.127	0.501	24.15	8.98	41.52	25.35
R&D 经费内部支出	2004 年	0.228	0.121	0.536	0.208	1.093	20.86	11.07	49.04	19.03
	2015 年	0.137	0.081	0.222	0.142	0.582	23.54	13.92	38.14	24.40
专利申请数	2004 年	0.274	0.174	0.167	0.244	0.859	31.90	20.26	19.44	28.41
	2015 年	0.179	0.107	0.243	0.137	0.666	28.88	16.07	36.49	20.57
新产品销售收入	2004 年	0.323	0.050	0.366	0.195	0.934	34.58	5.35	39.19	20.88
	2015 年	0.206	0.139	0.317	0.531	1.193	17.27	11.65	26.57	44.51

从样本区域全国总泰尔指数来看，2004 年和 2015 年我国高技术产业创新效率投入、产出指标的全国泰尔指数都比较高，均达到 0.5 以上。但是，从另一方面来看，除了新产品销售收入，其他 3 项指标 2015 年全国的泰尔指数要比 2004 年全国的泰尔指数要有所下降。说明这 3 项指标的全国差异在逐渐缩小，这一结果与前面变异系数变化的趋势基本一致。

2. 三大地区内、地区间的泰尔指数和差异贡献率

表 5-3 中，东、中部地区内创新效率的各指标的泰尔指数都不是很大，表明东、中部地区内省际间的差异较小。西部地区内创新效率的各指标的泰尔指数相对于东、中部地

区稍大，表明西部地区内省际间的差异较大。除了2015年新产品销售收入这项指标，其他指标地区间的差异也较小。

为了反映地更为直观，我们还计算除了各个差异的贡献率。西部地区创新投入指标的差异贡献相对较大，2004年、2015年R&D人员全时当量指标差异贡献率分别为53.59%、41.52%；2004年、2015年R&D经费内部支出指标差异贡献率分别为49.04%、38.14%。

东、中、西部三大地区中，西部地区高技术产业创新效率指标的泰尔指数在三个地区中最高，表明一个现象：现实中西部地区内省际之间的差异要比东部和中部地区大很多。同时2004—2015年，三大地区中除了少数极个别指标外，大多数指标的泰尔指数都有下降，说明地区内省际之间的差异在逐年缩小，慢慢朝均衡的情况发展。

2004年，我国东、中部地区高技术产业创新效率投入指标的地区间泰尔指数差异对总差异的贡献率都不是很大，西部地区差异的贡献率较大；2015年，除了专利申请数这项指标，其他指标地区间的差异贡献率均有了较大程度地增加，这一变化说明我国高技术产业创新效率投入指标的三大地区间的差异随着时间推进而逐渐变大，由此我们了解到：地区间的差异是造成我国高技术产业创新效率区域间不均衡的主要原因。

另外，关于创新效率产出指标的泰尔指数和创新效率投入指标的泰尔指数有些不同，2004年，东、中、西部地区创新效率产出指标的泰尔指数相差不是太大；2015年，各个地区的创新效率产出指标既有增又有减，没有一个既定的发展趋势。

根据以上分析的结果，我们了解到：我国高技术产业创新效率的区域差异主要来源于两方面。一方面来源于西部地区省际的差异：2004年我国西部地区发展落后，基础设施并不健全，再加上西部地区大部分省市居于内陆，思想观念保守，对地区外的知识和信息的接受以及传播速度还比较缓慢，只有陕西、四川、重庆及经济发展较好，对创新活动的投入与支持力度能稍大些，但是地处偏远地区的宁夏、甘肃、新疆等地经济发展落后，创新活动疲软，地方财政的支持仅仅用来提高基础设施的建设都会显得杯水车薪，就更不要说对于创新活动的支持力度了。但比较乐观的是，到了2015年，创新效率各个指标的泰尔指数值均有所下降。这表明近年来，西部地区内的差异已经逐渐下降。差异的另一方面来源于地区间的差异。2004年我国高技术产业创新效率投入、产出指标泰尔指数值并不是很大，但是到了2015年的时候，除了专利申请数这项指标有所下降外，其他三项指标均有大幅程度的上升，这说明，过去地区间的差异不足以成为造成区域差异的主要原因，随着时间的发展，地区间的差异越来越大，这种状况不容忽视。

5.4 本章小结

本章利用ArcGIS中的全局空间趋势分析对我国高技术产业创新效率的投入、产出指标的变化趋势进行了可视化的展现，并通过计算变异系数反映其在观测年份内的空间演变特征。通过计算、分解泰尔指数展现东、中、西部三大地区间和地区内省市间的空间差异，并探寻对这种差异影响最大的地区。

（1）我国东、中、西部三大地区高技术产业创新效率的投入、产出指标的绝对差异较大，尤其是东部与中、西部地区差异显著。用 ArcGIS 中的全局空间趋势分析图中可以清楚地看到，在东西平面上，我国高技术产业创新效率投入、产出指标呈现西低东高逐渐上升的趋势，同样，在南北平面上，我国高技术产业创新效率投入、产出指标呈现北低南高逐渐上升的趋势，总体表现出东西差异和南北差异的共同存在。

（2）从变异系数的计算结果来看，我国高技术产业创新效率的投入、产出指标的离散程度较大（即指标的差异大），但近年来，伴随着时间的发展，差异逐渐趋于减小，不过减小的程度仍然是有限的。

（3）从泰尔指数的计算与分解结果可以初步得到结论：东、中、西部三大地区之间高技术产业创新效率的空间差异在观测年份内逐年增加。另一方面，西部地区内部省际之间差异较大，且逐年增加。这主要是因为相对落后的西部地区经过多年"西部大开发战略"的推进，逐渐形成了中心省市与偏远地区省市创新效率的不均衡发展的状态，因而西部地区内部省际差异也较大。中部地区与东、西部地区相比，一直处于创新活动疲软的均衡常态，因而内部差异较小。

第6章 中国区域高技术产业创新效率空间差异的分布特征

在上一章的分析中,通过变异系数的计算和泰尔指数的分解展现了我国区域高技术产业创新效率空间差异的水平。接下来我们关心的是创新效率空间差异的结构如何?各个指标在空间内呈现怎样的分布特征?形成的机理如何?本章将对这些问题予以解答。

6.1 ArcGIS 中设置的空间统计工具

为了有效地进行空间统计运算,ArcGIS 9.0 以后的版本提供了一个空间统计工具箱。使用工具箱中的工具可以清楚地展现样本指标在空间内的分布状态:是聚类、离散还是随机分布?传统的统计工具并未考虑样本指标的空间联系,现在的空间统计弥补了以前的不足,这也与实际状况比较接近。

ArcGIS 9.2 包括4个空间统计工具集,分别是空间分布模式分析工具集(Analyzing Patterns)、聚集分布制图工具集(Mapping Clusters)、度量空间分布工具集(Measuring Geographic Distributions)、辅助工具集(Utilities),其功能见表6-1。本章所能用到的主要是空间分布模式分析工具集中的空间自相关工具,以此来分析样本指标的空间分布特征。空间自相关分析主要用到的指标值是 Moran's I 和 Z[①]。

表6-1　　　　　　　ArcGIS 中的空间统计工具集及其功能

工具集	功能
空间分布模式分析工具集	该功能主要用来展现样本指标的分布状态是集聚还是离散的
聚集分布制图工具集	该功能主要展现样本指标中哪些是最受关注地区、哪些是不受关注的地区
度量空间分布工具集	该功能主要展现样本指标两种分布状态下的具体空间信息:如果样本指标呈现集聚的状态,展现集聚区的中心位置和集聚区的具体形状;如果样本指标呈现离散的状态,展现具体的离散程度
辅助工具集	该功能主要是对样本指标进行符号化分析

---

① 汤国安,杨昕. ArcGIS 地理信息系统空间分析实验教程[M]. 北京:科学出版社,2006:384-385.

6.2 方差变异分析

6.2.1 方差变异分析的理论介绍

1. 协方差函数

协方差函数是用来衡量两个随机变量间的差异大小的常用指标,有时候也把它称作为半方差函数。例如,有两个随机变量 X、Y,在概率统计分析中,计算它们协方差的公式如下:

$$Cov(X, Y) = E\{[X - E(X)][Y - E(Y)]\} \tag{6.1}$$

根据公式(6.1)的表达,协方差函数在空间统计中的计算公式为:

$$C(h) = \frac{1}{N(h)} \sum_{i=1}^{N(h)} [Z(x_i) - \overline{Z}(x_i)][Z(x_i + h) - \overline{Z}(x_i + h)] \tag{6.2}$$

式中,$Z(x)$ 为区域化随机变量,并假定它的分布规律不会因为位置的移动而发生任何改变;h 为两个地理要素在空间内的距离;$Z(x_i)$ 为 $Z(x)$ 在空间内的点 x_i 的样本值;$Z(x_i + h)$ 为 $Z(x)$ 在点 x_i 处距离 h 的样本值 [$i = 1, 2, \cdots, N(h)$,$N(h)$ 为分隔距离是 h 时的样本点的总数];$\overline{Z}(x_i)$ 和 $\overline{Z}(x_i + h)$ 分别是 $Z(x_i)$ 和 $Z(x_i + h)$ 的样本平均数,即

$$\overline{Z}(x_i) = \frac{1}{n} \sum_{i=1}^{n} Z(x_i) \tag{6.3}$$

式(6.3)中,n 是样本单元数。

2. 半变异函数

我们用 $r(h)$ 来表示半变异函数,具体反映 $Z(x)$ 与 $Z(x+h)$ ——差的方差的一半,并称之为区域化变量 $Z(x)$ 的半变异函数,而 $2r(h)$ 则称之为变异函数。具体计算公式如下:

$$r(x, h) = \frac{1}{2} \text{Var}[Z(x) - Z(x+h)]$$

即

$$r(x, h) = \frac{1}{2} E[Z(x) - Z(x+h)]^2 - \frac{1}{2} \{E[Z(x)] - E[Z(x+h)]\}^2 \tag{6.4}$$

仍然假定 $Z(x)$ 满足二阶平稳假设,因此对于任何 h,都有

$$E[Z(x+h)] = E[Z(x)]$$

因此,代入之后得到:

$$r(x, h) = \frac{1}{2} E[Z(x) - Z(x+h)]^2$$

具体写为：
$$r(h) = \frac{1}{2N(h)} \sum_{i=1}^{N(h)} [Z(x_i) - Z(x_i + h)]^2 \qquad (6.5)$$

3. 变异分析

半变异函数、协方差函数分析有一个前提假定：地理距离上相近的事物要比地理距离上相隔较远的事物更具有相似性。半变异函数和协方差函数能够将这一假定加以量化，具体的做法就是将样本指标之间在地理上相关性的强度看作距离函数来计算。也就是说，地理上相关性强的样本之间的距离邻接或临近，反之，地理上相关性弱的样本之间的距离相隔较远[1]。

如图 6-1 和图 6-2 所示，如果两个空间中的点在距离上比较接近，基于前面的假定，我们会认为这两点之间比较相似，相似的点当然差异也就小，这时我们用较小的半变异值模拟这种情况。反之，如果两点距离较远依据假定我们认为它们之间的相似度小，或者完全不相似，则二者之间的差异就大，这时我们可以用较大的半变异值模拟这种情况。而协方差值其实是相关性的缩小版，它与半变异值和距离的远近正好相反，它会随着距离的增大而呈现反向变化的特点。

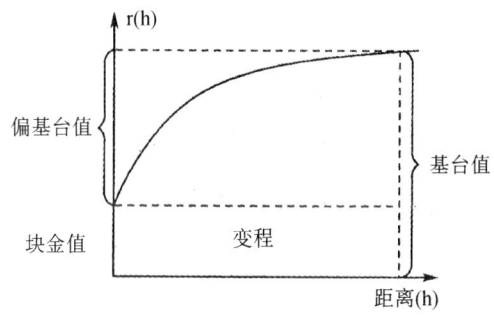

图 6-1 半变异函数图

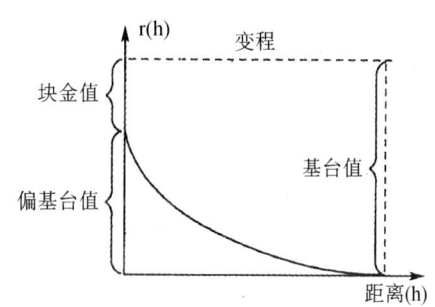

图 6-2 协方差函数图

6.2.2 半变异/协方差云工具

半变异/协方差函数云工具是由多个密密麻麻的点构成的，一般分为上下两层，正如浮云一样，浮在上层的就是比较比较显著的半变异值/协方差值。每一个点代表空间内的点对所处数据集内其他点的半变异值/协方差值。

半变异值的计算公式如下：
$$r = 0.5 \times [z(S_i) - z(S_j)]^2 \qquad (6.6)$$
式（6.6）中，$z(S_i)$ 和 $z(S_j)$ 代表 i，j 地区某项指标的值。

协方差值的计算公式如下：
$$r = [z(S_i) - \bar{z}][z(S_j) - \bar{z}]^2 \qquad (6.7)$$

---

[1] 王贤文. 区域科技空间计量[M]. 大连：大连理工大学出版社，2012：58.

式（6.7）中，$\bar{z}$为数据集的均值。一般可以采用这种方法来发现数据集中的离群值（Outlier）。

1. 中国高技术产业创新效率投入指标的半变异函数云图

图6-3是2015年我国高技术产业创新效率投入指标R&D人员全时当量的半变异函数云图，图中的每个点反映的是所有样本区域中每一个区域和其他所有区域的半变异值。图中的点分为上层和下层，上层的点就是我们要找的离群值。

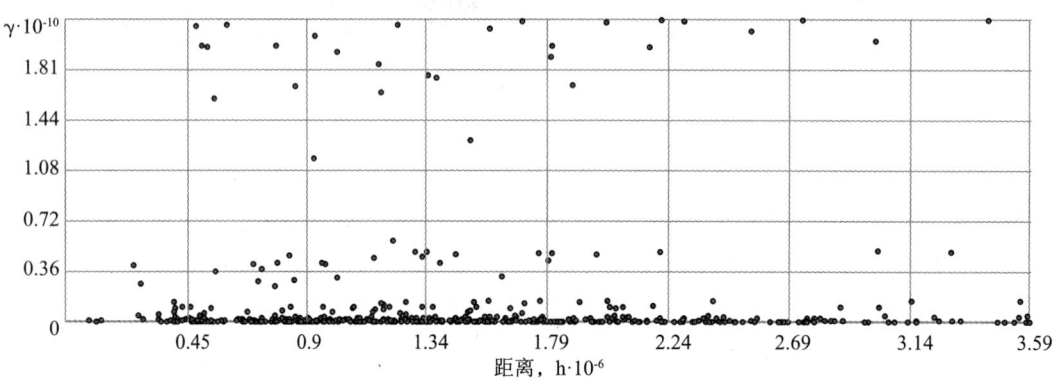

图6-3 2015年中国高技术产业R&D人员全时当量的半变异函数云图

将最上层 r>1.81 的点选中刷光（Brushing），这时在ArcGIS的地图窗口中出现对应的刷光采样点对连接而成的线。大部分连线的中心都是广东省，从广东为中心引向正北、西北和东北地区。这说明在R&D人员全时当量这项指标上，广东最突出，与北部地区差异非常大。为了清楚地展现刷光情况，以下通过半变异简化图显示，见图6-4。

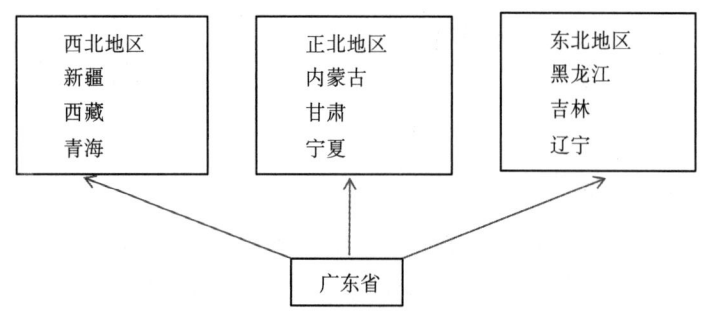

图6-4 2015年中国高技术产业创新效率投入指标：R&D人员
全时当量的半变异简化图（r>1.81）

图6-5是2015年我国高技术产业R&D经费内部支出的半变异图，降低标准，将r>1.46的点全部选中刷光，这时对应的连线中心依然出现在广东地区，与广东连线较长的仍然是北部地区，说明在R&D经费内部支出这项指标上，它们与广东相差较大。见图6-6。

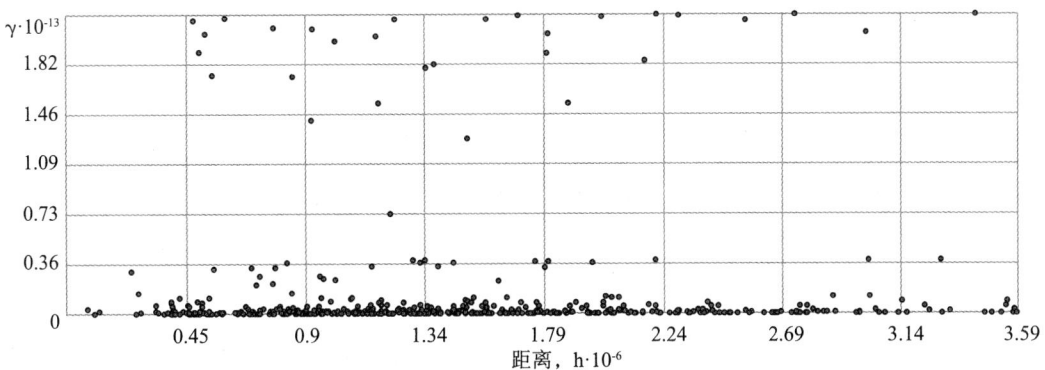

图 6-5 2015 年中国高技术产业 R&D 经费内部支出的半变异函数云图

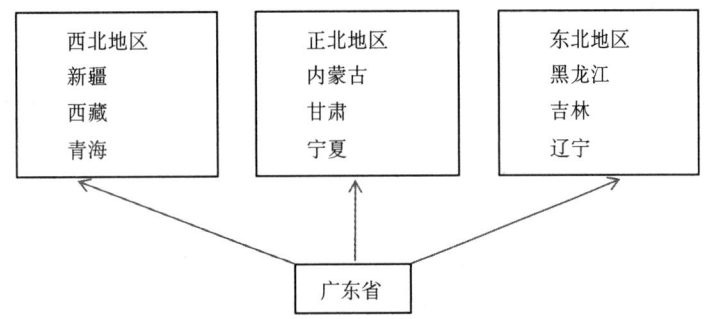

图 6-6 2015 年中国高技术产业创新效率投入指标：R&D 经费内部支出的半变异简化图（r > 1.46）

2. 中国高技术产业创新效率产出指标的半变异函数云图

图 6-7 是 2015 年我国高技术产业专利申请数的半变异图，刷光 r > 0.62 的所有点，这时连线中心依然在广东区域，而东北、西北地区与广东地区的差异最大。见图 6-8。

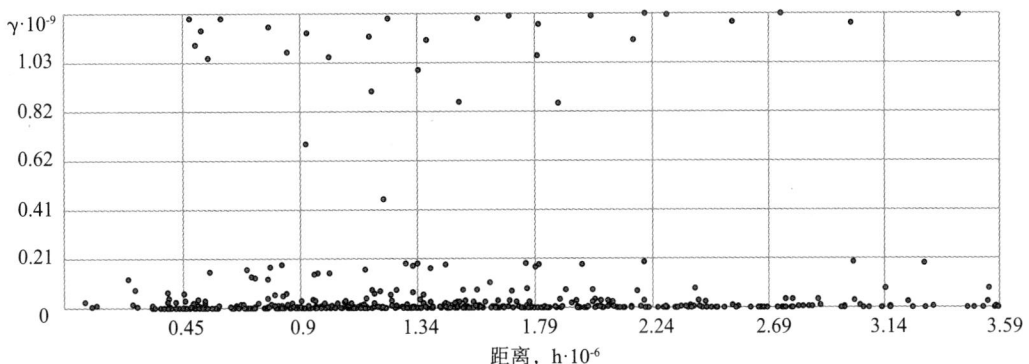

图 6-7 2015 年中国高技术产业专利申请数的半变异函数云图

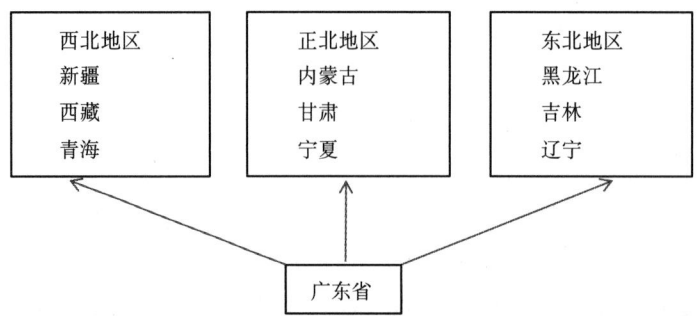

图 6-8　2015 年中国高技术产业创新效率产出指标：专利申请数的半变异简化图（r＞0.62）

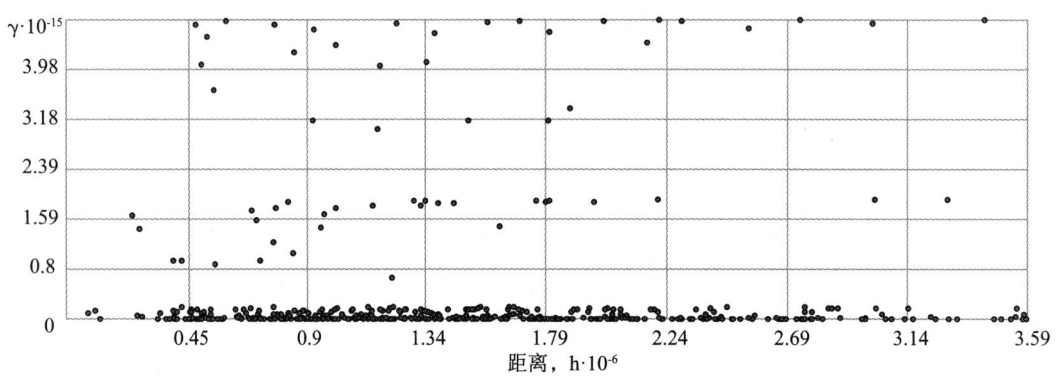

图 6-9　2015 年中国高技术产业新产品销售收入的半变异函数云图

图 6-9 是 2015 年我国高技术产业新产品销售收入的半变异图，刷光 r＞1.59 的所有点，在 ArcGIS 图中出现对应的连线图。如图 6-10 所示，与前面三个图不同的是，此次出现了两个连线中心，江苏和广东。分别与西藏、新疆、内蒙古和黑龙江等地区产生连线。这些连线的产生说明这些地区与江苏、广东在新产品销售收入指标方面的差异较大。

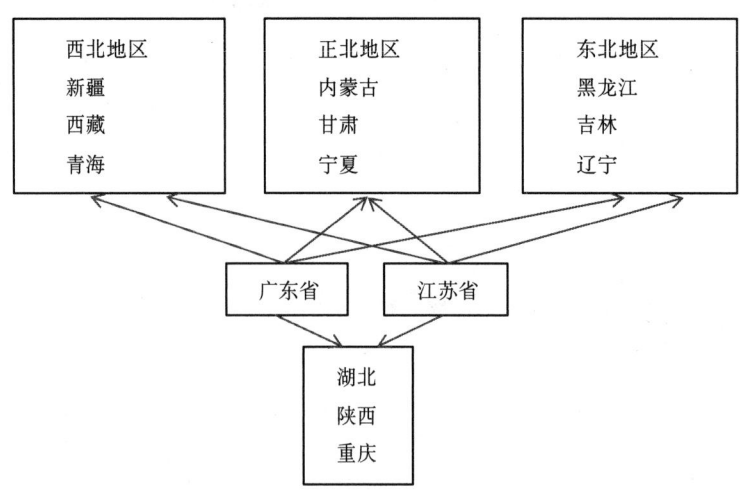

图 6-10　2015 年中国高技术产业创新效率产出指标：新产品销售收入的半变异简化图（r＞1.59）

而个别地区,比如湖北、陕西、重庆等地与中心的江苏和广东有些差距,但差距不是十分明显。

6.3 中国区域高技术产业创新效率的空间自相关分析

空间自相关的分析要基于空间权重的计算,而空间权重反映的就是样本点之间的临近关系[1][2][3],我们通常用矩阵的方式来展现:

$$W = \begin{Bmatrix} w_{11} & w_{12} & \cdots & w_{1n} \\ w_{21} & w_{22} & \cdots & w_{2n} \\ \vdots & \vdots & \vdots & \vdots \\ w_{n1} & w_{n2} & \cdots & w_{nn} \end{Bmatrix} \tag{6.8}$$

式(6.8)中,w_{ij}反映的是样本点 i 和 j 的在空间内的位置关系。i 和 j 通常情况下存在两种关系:

$$w_{ij} = \begin{cases} 1, & \text{区域 i 与 j 相邻接} \\ 0, & \text{其他} \end{cases}$$

Moran's I 以及 Gear's C 是最常用的两个测度是否存在空间自相关的全局指标。Moran's I 反映的是在空间内彼此邻接或者临近的样本区域在观测值上的相似程度。Gear's C 的值与 Moran's I 的值存在负相关关系[4][5]。

i 代表空间内某个区域,x_i 为区域 i 的属性值,则该区域的全局 Moran's I 的计算公式为:

$$I = \frac{n \sum_{i=1}^{n} \sum_{j \neq i}^{n} w_{ij}(x_i - \bar{x})(x_j - \bar{x})}{\sum_{i=1}^{n} \sum_{j \neq i}^{n} w_{ij} \sum_{i=1}^{n} (x_i - \bar{x})^2} = \frac{\sum_{i=1}^{n} \sum_{j \neq i}^{n} w_{ij}(x_i - \bar{x})(x_j - \bar{x})}{S^2 \sum_{i=1}^{n} \sum_{j \neq i}^{n} w_{ij}} \tag{6.9}$$

式(6.9)中,I 为 Moran's I;$S^2 = \frac{1}{n} \sum_{i=1}^{n} (x_i - \bar{x})^2$;$\bar{x} = \frac{1}{n} \sum_{i=1}^{n} x_i$;$w_{ij}$ 代表在空间权重矩阵中第 i 行第 j 列的值;n 代表样本区域总数。

---

[1] Anselin L. Spatial Econometrics: Methods and Models [M]. Dordrecht: Springer Netherland, 1988: 103-115.
[2] Fotheringham A S, Charlton M E, Brunsdon C F. Geographically Weighted Regression: The Analysis of Spatially Varying Relationships [M]. West Sussex: John Wiley Sons, 2002: 253-270.
[3] Brunsdon C, Fotheringham A S, Charlton M E. Geographically Weighted Regression: A Method for Exploring Spatial-Nonstationarity [J]. Geographical Analysis, 1996, 28 (4): 281-298.
[4] Anselin L. Some Further Notes on Spatial Models and Regional Science [J]. Journal of Regional Science, 1986, 26 (4): 799-802.
[5] Haining R. Spatial Models and Regional Science: A Comment on Anselin's Paper and Research Directions [J]. Journal of Regional Science, 1986, 26 (4): 793-798.

Gear's C 计算公式如下：

$$C = \frac{(n-1)\sum_{i=1}^{n}\sum_{j\neq i}^{n}w_{ij}(x_i-x_j)^2}{2\sum_{i=1}^{n}\sum_{j\neq i}^{n}w_{ij}\sum_{i=1}^{n}(x_i-\bar{x})^2} \qquad (6.10)$$

Moran's I 和 Gear's C 是对样本区域之间是否存在空间自相关的全局判断，但是这些全局指标都忽略了空间中局部的不稳定性问题。如果想要更加详细地了解属性值在局部区域是集聚还是分散？全局空间自相关的测度结果对局部区域的反常情况及不稳定状态存在多大程度的掩盖？要想了解这些详细状况，就需要进行局部空间自相关分析，局部自相关分析的指标比较多，根据本章分析需要，采用 Moran 散点图、集聚刷光图及 LISA 集聚图进行综合性的展示①。

ArcGIS 提供的空间统计工具箱在计算 Moran's I 值以及 Z 值等方面还存在一些缺陷，比如，ArcGIS 系统庞大，运算速度较慢。所以，本章中所涉及的空间自相关分析部分，借助于免费的 GEODA 来完成。但是，两种软件计算出的 Moran's I 的值还是略有区别的。主要的原因在于 ArcGIS 计算标准差时，采用有偏估计，也就是样本数 n 除以离差平方和；而 GEODA 计算标准差时，采用无偏估计，即用 n－1 来计算。本章中，为了运算方便采用 GEODA 软件进行分析。

6.3.1 空间权重矩阵的编制

空间权重矩阵的编制有两种方式：一种是以距离为基础，另一种是以区域为基础。由于本章中的地理要素涉及的是多个省域，所以适合采用以区域为基础的方式进行空间权重矩阵的编制。此时，空间权重中定义两个样本区域的邻接方式有两种：Rook 和 Queen，不同之处在于 Rook 是以上下左右来定义邻接关系，而 Queen 除了以上下左右定义邻接关系还要加上对角线（注：这与国际象棋中棋子 rook 和 queen 的走法相同）。

6.3.2 计算全局 Moran's I

如前所述，利用（6.9）中的公式计算样本区域的 Moran's I 的值。

本书在分析各省高技术产业创新效率投入、产出指标的相关性时采用车（rook）式，W_{ij} 的值用来描述两个样本区域 i 与 j 在空间内的关系，如果二者相邻接，则 W_{ij} 的值为 1，如果二者不邻接，则 W_{ij} 的值为 0。通过计算 Moran's I 的值，先得到初步的判断：－1＜Moran's I＜1，计算结果－1 表示样本区域之间存在极强的负空间自相关关系，反之，计算结果 1 表示样本区域之间存在极强的正空间自相关关系。在实际计算中，有时结果也会略微超出这一范围。但是，这样的结果并不会对 Moran's I 的判断产生影响。如果样本区域之间并不存在空间自相关，那么 Moran's I 的期望值是：

$$E(I) = \frac{-1}{N-1} \qquad (6.11)$$

---

① Anselin L. Local Indicators of Spatial Association – LISA [J]. Geographical Analysis, 1995, 27 (2): 93 – 115.

这时将计算出来的 Moran's I 的值与期望值 E(I) 对比,如果我们发现样本区域之间存在着一定程度的空间自相关,还不能轻易下结论,需要进一步检验 Moran's I 的显著性,通常显著性检验借助于一个标准化的 Z 统计量来完成。

$$Z(I) = \frac{I - E(I)}{\sqrt{\sigma^2(I)}} = \frac{I - E(I)}{SD(I)} \tag{6.12}$$

根据(6.12)式,计算出 Z 值后,就可以做最终的判断:在给定置信水平时,如果 Moran's I 的值为正、Z 值为正且显著,就说明样本区域的创新投入、创新产出的各个指标在空间内呈现集聚的状态。反之,如果 Moran's I 的值为负、Z 值为负且显著,就说明样本区域的创新投入、创新产出的各个指标在空间内呈现分散的状态。只有当且仅当 Moran's I 与 E(I) = -1/(N-1) 的值相似时,样本区域的创新效率投入、产出的各个指标呈现独立随机分布的状态。

在实际问题的探索性空间统计分析中,计算量较大,而 GEODA 软件可以轻松完成 Moran's I 值得计算。选取各省高技术产业创新效率投入与产出指标,计算我国高技术产业创新效率投入与产出指标的全局 Moran's I,见表6-2。

表6-2 中国高技术产业创新效率投入、产出指标的全局 Moran's I 及显著性数值(2015年)

指标	I	E(I)	Mean	SD(I)	Z-value
R&D 人员全时当量	0.0923	-0.0333	-0.0271	0.0803	1.4856
R&D 经费内部支出	0.0431	-0.0333	-0.0203	0.0785	0.8068
专利申请数	0.0416	-0.0333	-0.0315	0.0839	0.7701
新产品销售收入	0.0534	-0.0333	-0.0334	0.0865	1.0034

数据来源:《中国高技术产业统计年鉴(2016)》,经计算而得。

由表6-2可知,2015年我国高技术产业创新效率投入、产出各指标的 Moran's I 值均为正值。如果我们研究的省域之间不存在空间自相关,那么 E(I) = -1/(31-1) = -0.0333,在实际的计算结果中,我们发现 2015 年高技术产业创新效率投入、产出指标的 Moran's I 值均大于 -0.0333,Z 的值也都大于 0 且显著,进一步说明了样本区域的观测值存在空间自相关。这一结果表明了 2015 年我国省域高技术产业创新效率投入、产出指标的空间分布基本呈现集聚趋势,但是集聚的程度并不十分明显。也就是说,省域总体空间差异仍然较大,虽然随着时间的发展,空间差异在逐渐缩小,但缩小的速度是较为缓慢的,这与第5章变异系数的计算结果基本一致。依据这一结果,我们并不能得出我国区域高技术产业创新水平高,创新活动频繁,创新能力强的结论,它恰恰是我国区域高技术产业创新活动空间分异的反映。因为创新核心地区及周边边缘省区内部差异虽不断缩小,但核心地区、边远地区之间差异却在不断扩大。这可以进一步从以下的局部空间差异分析中得到证明。

6.3.3 Moran 散点图和 LISA 集聚图

利用 GEODA 软件,可以方便地编制空间权重矩阵以及生成 Moran 散点图。Moran 散点图以(Wz,z)为坐标点,将平面分成四个象限,四个象限分别代表样本区域和周围邻接或临近的区域之间局部的空间联系的四种类型（H-H、L-H、L-L、H-L）。具体的解释如下：四个象限中的点代表的是样本区域，第一个字母代表中心区域观测值的程度，第二个字母代表中心区域周围区域观测值的程度。比如，落在第一象限（H-H）的点就表示观测值高的区域周围邻接的也是观测值高的区域，其他三种类型以此类推。相比较于计算 Moran's I 的值，Moran 散点图的优点在于能清晰地展现样本区域和周围邻接的区域之间具体属于哪种空间联系类型？是高高相邻、低高相邻，还是高低相邻、低低相邻？

因此，全局空间自相关解释了样本区域到底有无集聚，而局部空间自相关则解释了其具体空间位置和集聚的显著度，LISA 集聚图就是样本区域局部自相关的可视化展现，每个样本区域的 LISA，反映的是观测值相似的邻接或临近区域之间空间集聚程度的状态[1][2][3]。

下面着重分析我国高技术产业创新效率投入、产出指标的集聚现象（2015 年指标数据完全，所以西藏自治区也包含在研究范围内）：

1. R&D 人员全时当量

图 6-11 中，运行 GEODA 软件得到结果，2015 年 R&D 人员全时当量指标的 Moran's I = 0.0923。根据图中显示，山东、福建、江苏、浙江 4 个省位于 Moran 散点图的第一象限（H-H 象限），这说明这四个省区创新效率投入指标——R&D 人员全时当量数比较高，而且它们周围与之临近的省区具有同样的特征表现，在空间内呈现的是高高集聚的状态。位于第四象限（H-L）的区域是陕西、湖北、广东、北京、上海，说明这些地区创新效率投入指标——R&D 人员全时当量数也比较高，但是它们与第一象限的省区所不同的是，包围在这五个省区周围的都是 R&D 人员全时当量数比较低的省区，它们在空间内呈分散状态。

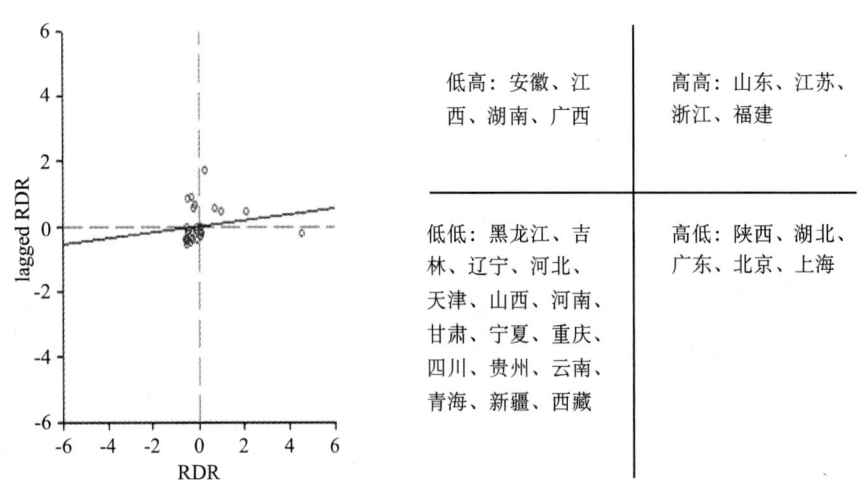

图 6-11　R&D 人员全时当量数的 Moran 散点图（2015 年）

---

[1] 张明倩. 中国产业集聚现象统计模型及应用研究[M]. 北京：中国标准出版社，2007：50-65.
[2] 庄卫民，龚仰军. 产业技术创新[M]. 上海：东方出版中心，2005：42-43.
[3] 李善同，高春亮. 创新的产业和空间特征及其对中国实施创新驱动战略的启示[N]. 中国经济时报，2016-03-24.

在低高象限内也分布着 4 个区域：安徽、湖南、江西、广西，说明这些地区的 R&D 人员全时当量数量较低，不过，它们的周围全部是高水平地区。在低低象限分布的区域比较多，主要是西部、东北和中部的大部分省市，它们周围也是一些低水平省市。这也反映出广大的中西部地区在创新人才的吸引方面做得还不到位，另外，最近几年东北地区人才流失现象也比较严重，这些现状或多或少、或直接或间接地影响到了当地创新活动的投入。

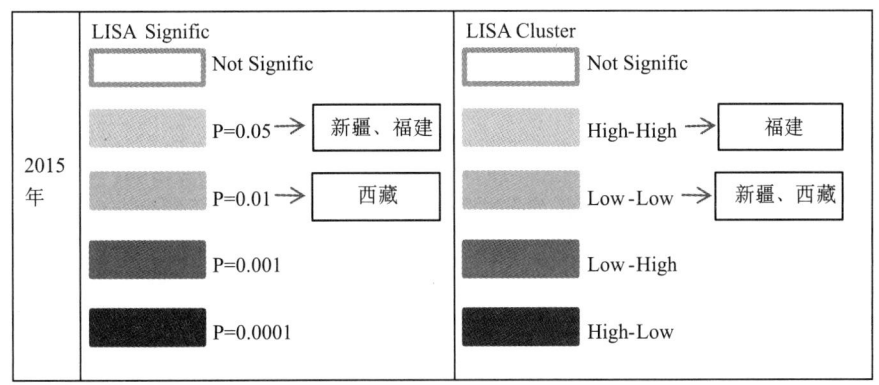

图 6-12　中国高技术产业创新效率投入指标：R&D 人员全时当量的 LISA 集聚简化图（2015 年）

图 6-12 反映的是 2015 年我国高技术产业创新效率投入指标 R&D 人员全时当量的 LISA 集聚图，它仅显示置信水平 0.05 下观测值显著的区域。因此，图 6-12 中，仅显示了福建省为高高集聚的区域，这说明福建省是东部地区中 R&D 人员全是当量指标高高集聚的中心地区；新疆、西藏省区为低低集聚的中心区域。

2. R&D 经费内部支出

R&D 经费内部支出的 Moran 散点图和 R&D 人员全时当量有些类似，Moran's I 为 0.0431，说明我国 31 个省份高技术产业 R&D 经费内部支出这项指标的地理现象存在自相关情况，但是自相关的情况并不显著。不过，从具体分布上来看，依旧表现为东部沿海地区大多呈现高高集聚现象，湖北、广东、北京、上海 4 个省市呈现高低集聚现象。见图 6-13。

在低高象限内也分布着 5 个区域：海南、安徽、湖南、江西、广西，说明这些地区的 R&D 人员全时当量数量较低，它们的周围全部是高水平地区。东北三省、内蒙古及大部分西部省区都位于低低集聚地区。

在图 6-14 LISA 集聚图中同样反映了置信水平 0.05 下观测值显著的区域。此时福建省仍然为高高集聚的区域，这说明福建省是东部地区中 R&D 经费内部支出指标高高集聚的中心地区；但是低低集聚的中心区域有所变化，变成了新疆、四川，说明它们周围省份 R&D 经费内部支出指标也不高。

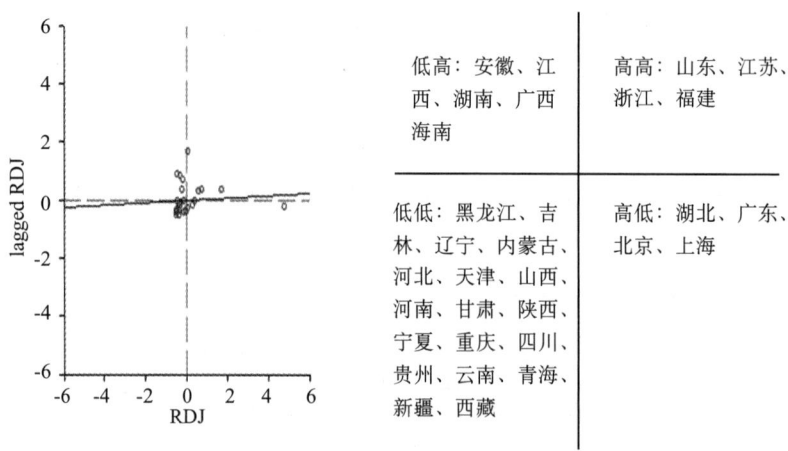

图 6-13　R&D 经费内部支出的 Moran 散点图（2015 年）

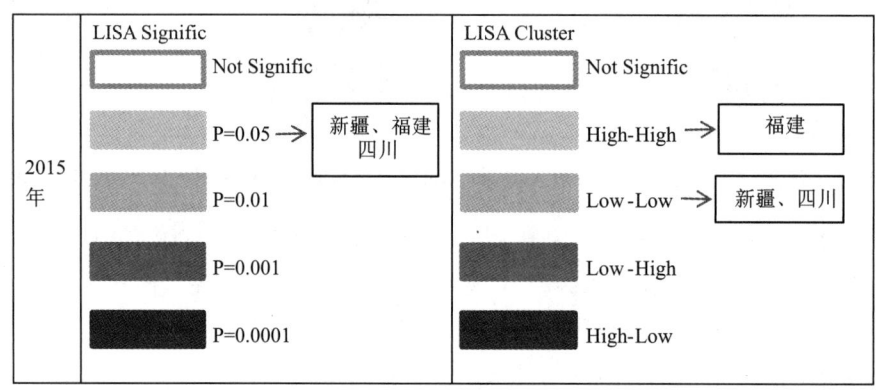

图 6-14　中国高技术产业创新效率投入指标：R&D 经费内部支出的 LISA 集聚简化图（2015 年）

3. 专利申请数

如图 6-15 所示，2015 年我国高技术产业专利申请数的 Moran's I = 0.0416。根据图中显示：有三个省份位于高高象限——山东、江苏、浙江，这反映了这三个省份创新产出指标——专利申请数较高，包围在它们周围的地区也是专利申请数较高的地区，空间内显示出高高集聚的状态。有 4 个省市位于高低象限——北京、上海、广东、四川，说明这些地区的专利申请数这项指标也较高，但是与它们相邻的地区创新产出，尤其是专利申请数不高。

湖南、福建、安徽、广西、江西 5 个省区位于低高象限，它们是低高集聚态势的中心区域，但它们周围地区都是专利申请数较高的地区，说明创新的溢出效应对这 5 个省区并不明显。东北、中部、西部的大部分地区是低低集聚的中心区域，在专利申请数这项指标上，它们仍然被相邻的低水平区域所包围。

在图 6-16 LISA 集聚简化图中，与前面不同的是，红色的（H-H 象限）区域没有显示。这说明高高集聚的区域并不明显，即它们正相关的水平并不显著。对于专利申请数这项指标，江西、福建两省的水平较低，它们是低高集聚分布的中心区域，四周被高水平的

第6章 中国区域高技术产业创新效率空间差异的分布特征 | 93

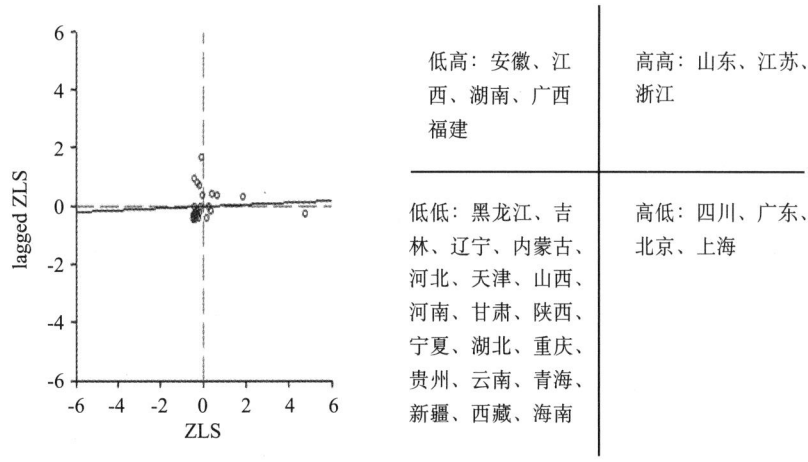

图 6-15 专利申请数的 Moran 散点图（2015 年）

省区所包围。四川省的专利申请数较高，它与周围相邻的省区形成高低集聚状态。新疆、内蒙古、陕西三省与周围相邻省区形成低低聚集态势。

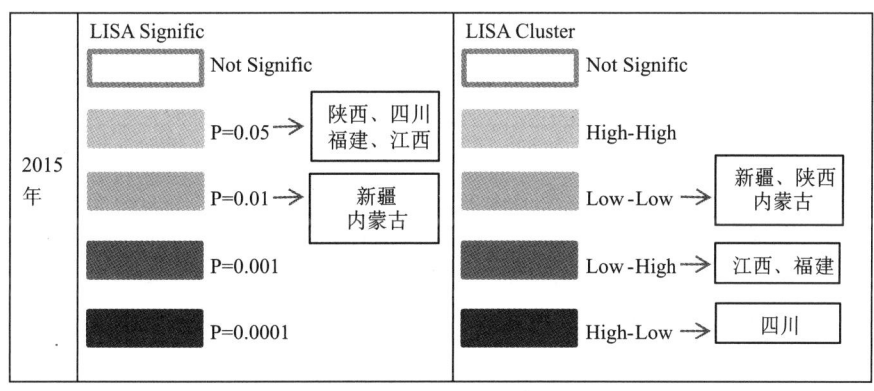

图 6-16 中国高技术产业创新效率产出指标：专利申请数的 LISA 集聚简化图（2015 年）

4. 新产品销售收入

新产品销售收入的 Moran's I 为 0.0534。四个刷光图分别和散点图中的四个象限一一对应，显示了北京、山东、江苏、浙江、福建 6 个省市属于高高集聚态势；安徽、江西、湖南、广西 4 个省区属于低高集聚态势；天津、河南、广东 3 个省属于高低集聚态势；广大的中西部地区及东北三省属于低低集聚态势。有一个地区值得注意：上海市在新产品销售收入这项指标竟然变成了低低聚集的中心区域，说明上海市在高技术产业创新活动方面后劲不足，今后需要特别注意，鼓励其大力发展、再创新高。另一方面也反映出它的周围省区在创新效率方面还需改善与提高。见图 6-17。

在图 6-18 中同样反映了置信水平 0.05 下观测值显著的区域，此处不再赘述。

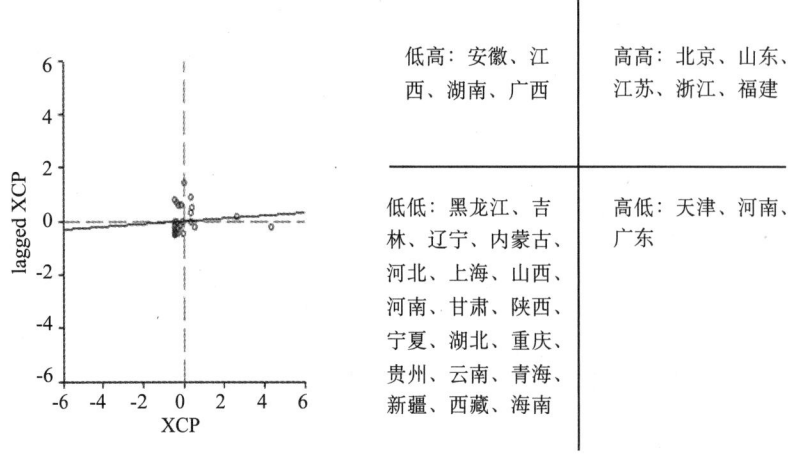

图 6-17 新产品销售收入的 Moran 散点图（2015 年）

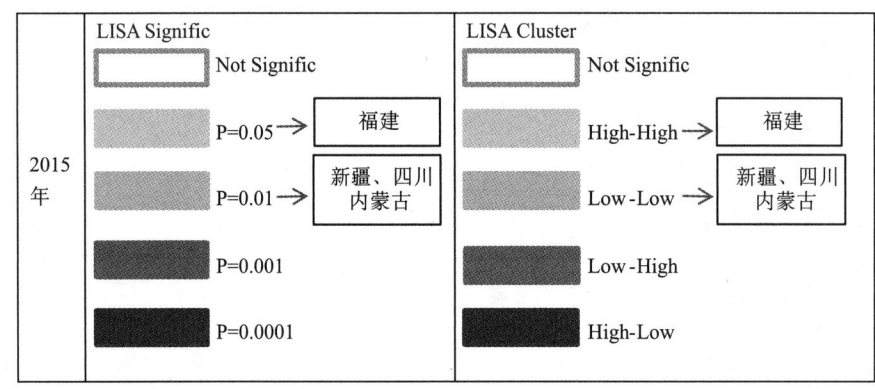

图 6-18 中国高技术产业创新效率产出指标：新产品销售收入的 LISA 集聚简化图（2015 年）

6.4 本章小结

本章主要对我国高技术产业创新效率投入、产出指标的空间集聚特征及其形成机制进行分析和论述：

（1）在全局自相关分析中，根据 Moran's I 指数测得的结果可以判断，我国省域高技术产业创新效率投入产出指标在空间上呈正相关分布，但相关性程度并不显著。说明省域总体空间差异仍然较大，虽然随着时间的发展，空间差异在逐渐缩小，但缩小的速度是较为缓慢。不过，观测值空间差异的缩小并不能得出我国区域高技术产业创新效率水平较高，创新活动频繁，创新能力较强的结论，它恰恰是我国区域高技术产业创新活动空间分异的反映。因为创新核心地区及周边边缘省区内部差异虽不断缩小，但核心地区、边缘地区之间差异却在不断扩大，可以进一步从以下的局部空间差异分析中得到证明。

（2）在局部自相关分析中，Moran 散点图和 LISA 集聚图提供了更为详细的展现和补充，其中京津地区和长三角地区为集聚的中心，以这两大区域为核心，周围临近的地区分别与之形成了明显的高高集聚现象；中西部地区与京津地区和长三角地区正好相反，其中以新疆和内蒙古为中心形成了明显的低低集聚现象。充分证明了改革开放 40 多年来，我国虽然提出了西部大开发、中部崛起等区域经济、科技发展战略的思路，但在实际的表现中，结果却不尽如人意，南北地区差异、东西地区差异的现象仍未得到有效缓解。根据这一分析结果，本书将在第 8 章提出可行性的建议和措施。

第7章 区域创新环境对中国区域高技术产业创新效率空间差异的影响作用

通过第5章、第6章的实证分析，我们不仅比较了区域间创新效率空间差异的水平，还进一步展现了空间差异的结构，从中发现：创新效率的投入与产出指标均存在不同程度的空间集聚现象，因而集聚的核心地区与边缘地区的总体空间差异较大。其实，很多学者早就注意到了这一现象的产生和发展，并且归因于区位优势。在工业时代，区位优势较多强调的是物质、资本、人力等硬性支持条件。不可否认的是，这些因素直至现在依然对产业集聚现象及集聚区与非集聚创新效率的差异产生着重要的影响，但是在当今知识社会的时代背景下，另一些重要因素越来越得到彰显：在创新实践中，我们看到的是创新集聚形成过程中所产生的所有创新主体的集体效率与协同作用同样会对区域创新效率的空间差异产生重要的影响。学界将这一因素称之为"区域创新环境"[①]，值得注意的是，这里的创新环境并不是指支持创新的一些硬件设施或条件，而是强调创新集聚产生过程中临近地域不同程度相似的历史习俗、人文地理、社会规则等软性因素的影响和推进。这或许也是时至今日，世界上任何国家和地区都无法再次复制"硅谷"的主要原因，因为无论是去参观还是学习，可以复制"硅谷"创新活动的硬件条件，但永远无法复制它的创新氛围和精髓。因此，本章试图分析区域创新环境对于我国区域高技术产业创新效率空间差异的影响机理。

7.1 区位优势与区域产业技术创新集聚

自从20世纪初"工业区位"理论产生以来，空间集聚分析变成了学者们研究的焦点。这一理论的广泛研究也成就了经济学与地理学的交叉与融合。区位优势（Locational Advantage）便是提到频率较高的名词。它的涵义是：某个区域（地区）在经济发展过程中先天存在的各种有利条件、资源，或者是得天独厚的地理位置的优势。在农业社会，我们强调促进社会经济发展的主要因素是土地资源，到了工业社会的时候，人们又发现促进社

---

① Camagni R. The Concept of Innovative Milieu and Its Relevance for Public Policies in European Lagging Regions [J]. Regional Science, 2005, 74 (4): 317–340.

会经济发展的主要因素就是区位优势。区位优势对于高技术产业创新集聚的影响也是显而易见的。从历史的发展经验来看，经济发达的大城市具有不可比拟的区位优势，这里集中了各类资源：设施、信息、人才等，这些资源比较适合创新活动的萌芽和发展。因此创新活动总体上倾向于向大中型城市集聚。美国研发活动更多集中在以加利福尼亚湾和五大湖区为中心的南加利福尼亚和东北走廊[①]。20世纪90年代，美国92%的专利来自于大都市，几乎所有的风险投资也集中在大都市及周围区域。欧洲的相关研究反映了类似特征，法国6个区域集中了75%的研发人员；德国97个行政单元中的11个几乎集中了所有专利，针对欧盟262个样本区域的研究也表明创新活动更倾向于空间集聚[②]。为什么会出现这样的现象？学界对其原因进行了如下总结：

第一，创新活动属于一项长期行为，能够为企业带来长期的利益和持久的竞争力[③]。因而它从来都不是一蹴而就发生的，需要更多的前期积淀和实验，而这些都需要依托于良好的实验平台和设施，而大城市经济发达、科技水平较高，有条件提供这种支持。

第二，大城市能够容纳较多的资源，能为域内高技术产业的发展提供更多的便利条件。也正是因为这些资源和便利条件，才容易促使企业萌生创新的想法，产生创新的动机，付诸于创新行为[④]。相应地，也容易产生新的管理模式和管理制度。同时，当新产品研发出来，大城市市场广阔，消费者众多，也容易鉴定新产品的创新效果，因此，企业的创新活动更倾向于集聚在大城市。

第三，创新活动需要大量高层次的专家和研究者等人力资源的参与和支持。而大城市的集聚效应可以使专家和研究者实现学术思想的碰撞和交流，也容易使创新的理论知识在企业发展和管理中得到实践检验[⑤]。因而创新活动更容易取得积极的效果。还可以满足高层次人才对科研工作的制度环境、生活环境的高层次要求。

第四，大城市经过多年的建设和发展，累积了较好的硬件设施和软件氛围，从而成为外商投资兴业的最佳选择地[⑥][⑦]。而外商投资的产业也大多集中在科技含量高、人才层次高的高技术产业，比如IT、电子设备制造业等，尤其是在北上广深等一线大城市，许多外资企业都将他们的总部和研发中心设在这里，以使产品的研发和创新距离生产地、最终需求市场更近一些。因此，集聚在大城市能够更好地发挥技术创新的扩散作用。

[①] Buzard K, Carlino G A. The Geography of Research and Development Activity in the U.S. [J]. Working Papers, 2008, (3): 235 – 255.

[②] Capello R, Lenzi C. Spatial Heterogeneity in Knowledge, Innovation, and Economic Growth Nexus: Conceptual Reflections and Empirical Evidence [J]. Journal of Regional Science, 2013, 54 (2): 186 – 214.

[③] Maria A D. The Evaluation of Regional Innovation and Cluster Policies: Looking for New Approaches [J]. European Planning Studies, 2001, 9 (7): 907 – 923.

[④] 余泳泽，武鹏. 我国高技术产业研发效率空间相关性及其影响因素分析——基于省际面板数据的研究[J]. 产业经济评论：山东大学，2010，9 (3): 71 – 86.

[⑤] 孙玉涛，刘凤朝，徐茜. 中国高技术产业空间分布效应演变实证研究[J]. 科研管理，2011，32 (11): 37 – 44.

[⑥] 李春燕. 我国创新活动空间差异及其影响因素研究 [D]. 天津财经大学，2010.

[⑦] 史修松，赵曙东，吴福象. 中国区域创新效率及其空间差异研究[J]. 数量经济技术经济研究，2009 (3): 4.

除此之外，教育和研究机构也容易集中在创新活动繁盛的地区。高等院校，尤其是研究型大学承担着当地经济发展和科技创新活动的人才库和知识库的双重角色。企业与大学相邻，就可以借助大学的科研力量为企业的研发活动提供长久的动力支持和指导，同时又可以从大学便捷地、源源不断地获得所需要的高层次人才。

在工业社会，区位优势的确可以促进区域内产业技术创新的集聚，进而促进区域经济的发展和提升。但是20世纪以后，拥有大量人力、物力资源的区位条件对某一个区域发展所产生的约束作用越来越不能得到彰显，于是，人们又开始探寻：新的促进社会经济发展的因素是什么？由此，对于促使创新集聚形成的主要因素又有了新的认识和了解。以前，借助于对区位理论的理解，人们认为某一个区域所独特拥有的资源越是难以被其他区域所转移，就越能促进该区域的经济发展。但是在知识经济时代，交通便利，网络设施的普及使这些难以转移的为某一个区域得天独厚所拥有的因素并不足以成为其他区域经济发展的限制因素，这为传统的区位理论带来了极大的冲击。

另外，韦伯为了总结出"工业区位论"的一般规律，得出"纯理论"，将社会、文化、历史因素排除在研究之外，认为吸引工业布局的主要原因是由自然条件先天形成的，工业区位理论只能通过改变自然条件，通过技术进步来引发区位优势的变化[①]。传统的区域发展理论也一直强调："靠山吃山，靠水吃水"的发展政策，理论研究者、政策出台者也强烈推崇在本地区具有优势的自然资源上大力发展相联系的主导产业，并期望其产生更多的乘数效应，以使它们的经济效益扩散到周围欠发达地区，从而缩小地区间的差异。可是，社会、文化、历史以及许多的宏观经济政策与产业导向政策，都可能是引发产业创新集聚的关键变量；而且，韦伯将引发产业集聚的动因归因于成本最小化，但实际上引发产业创新集聚的动因是多方面的，市场因素、学习与创新、政治意图等都可能是引发产业创新集聚的动因。近些年，学界更加倾向于将以上因素归结为一个名词"区域创新环境"，众多学者也试图从自己理解的角度来解释其对于产业创新集聚的促进作用。在此基础上，本章主要对其中的机理予以总结和阐述。

7.2 区域创新环境与高技术产业创新效率的影响

7.2.1 "创新环境"概念的提出

进入20世纪以来，各个国家在经济发展过程中出现了许多具有较高增长率和较强竞争力的地区，例如美国20世纪70年代的硅谷及今天的旧金山湾区，印度班加罗尔，我国的台湾新竹地区、珠江三角洲地区、长江三角洲地区等区域都不同程度地形成了产业创新

---

① 徐妍. 产业集聚视角下中国高技术产业创新效率及其空间分异研究［D］. 天津：南开大学，2013.

的集聚区。于是人们开始思考，为什么这些区域的某些产业倾向于聚集在一起并持续不断地进行技术创新活动？促进这些区域创新活动发生的条件都是什么？于是在不断寻找答案的过程中，学者们发现，以前关注的区位优势的因素所产生的影响已经微不足道，也就是说，即便有些地区拥有较为成熟的硬件支持条件，拥有的各种资源也比其他地区有优势，但是该区域仍未表现出活跃的技术创新活动及较为强劲的地区发展优势，而相反另一些地区却能源源不断地吸引企业落户，人才集聚。于是，学者们以更加综合的、动态的视角去看待创新活动，也有了不同于以前的一些看法：创新活动是一个区域性、社会性的互动过程，随着社会的快速发展，那些物化的区位因素已经不足以成为产业创新集聚的先决条件和重要因素，而那些非物质性的、不容易交换的因素，主要是区域内创新主体在技术创新过程中所形成的各种正式或非正式关系起到了更为重要的影响和推进。可以说，此时这些现象已经引起学界足够的重视。于是，20 世纪 80 年代中期，西欧国家成立了名为"Groupe de Recherche Europen sur les Milieus Innovateurs（GREMI）"的研究小组，它的主要任务就进行实践调查、研究创新行为，以此开发出共同的方法论。1989 年，GREMI 在巴塞罗那召开了会议，并在这次会议上提出了"区域创新的环境"的概念，这里的创新环境并不是各种支持创新的硬件条件，而是指域内主要行为主体在域内资源集聚、整合的条件下，通过彼此的协同作用和集体学习过程而构建的非正式的、复杂的社会关系或网络。后来这一概念得到了学界广泛的认可和引用。因为当时的调查范围和研究关注点主要针对的是欧洲范围内高技术产业的中小企业创新集群，所以这一概念的提出，使人们认识到了集聚现象中创新主体的集体效率（Collective Efficiency）以及创新行为所产生的协同作用。从这一刻，学界开始将研究的重点转向创新中文化、关系、制度的研究。图 7 - 1 对比了区位优势和区域创新环境分别对创新行为产生所起的作用，以此展现二者之间的联系与区别。

7.2.2 区域创新环境的识别要素

GREMI 定义了区域创新环境五个方面的识别要素：

第一，创新环境的外部形象。外部形象会通过有形的、物化的东西（创新行为主体、反馈出来[1][2]，比如某个区域内的行为主体、社会感知、由技术培训及研究机构构成的集等。首先，创新行为主体主要指域内的企业，尤其是具有创新动机与欲望的高技术企业，它们受到市场竞争的压力，会自觉不自觉地产生创新行为。另外，社会感知产生创新行为相对比较麻烦，需要一系列的条件：社会感知包括技术文化和技能所构成的集，而其中的技术文化又有许多表现形式，比如：知识、经验、实践、标准和价值观念，它们与实践中的产业活动相相结合就会形成相应的技术文化的累积和传播机制，在这个过程中，当信息

---

[1] Kogut B, Zander U. Knowledge of the Firm, Combinative Capabilities, and the Replication of Technology [J]. Organization Science, 1992, 3 (3): 383 – 397.

[2] Malerbra F, Orsenigo L. Knowledge, Innovative Activities and Industrial Evolution [J]. Industrial and Corporate Change, 2000, 9 (2): 289 – 314.

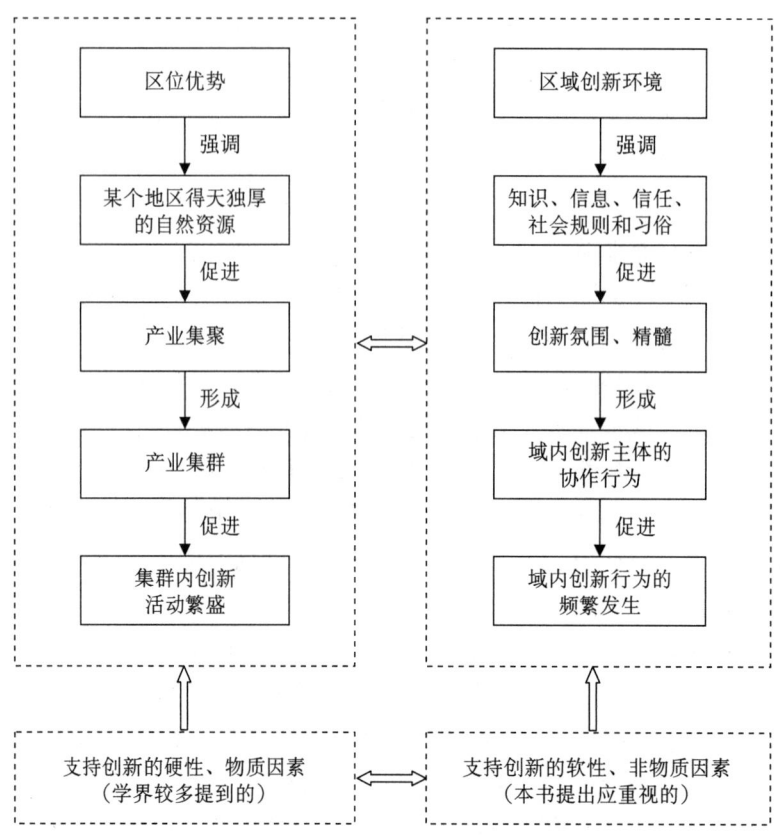

图 7-1 区位优势与区域创新环境促进创新的对比图

被注入,并结合现实中的资本、技能、企业精神等资源,创新就会促成。第三部分是由技术培训及研究机构构成的集。社会在进步,技术需要不断地更新,更新了就要培训相关技术持有人,这个过程较容易发生创新,研究机构本身就是进行科学研究的,所以它们也容易实现创新。因此,创新绝对不是某一个行为主体单方面行动的结果,它的产生往往是域内多种元素共同参与的结果。图 7-2 反映了这一涵义。

第二,创新环境具有其固有的内部逻辑。首先,域内创新企业可以实现人力资源的自我吸引与组织。美国硅谷在多年的发展中,其技术创新活动的发展就体现了这一点。从 20 世纪 60 年代直到今天,各个阶段的主导行业一直吸引着众多优秀人才不断聚集在这里,这个绵延 100 多公里的山谷,并不只是人、财、物的堆积,综合其原因,在于它的创新环境优良。美国教育发达,能够为创新提供所需的新技术和研发人才;美国的法制健全,重视知识产权保护,创新型的公司不用担心自己的专利被别人剽窃;美国也是移民国家,文化多元化程度高,包容性强,因此,各种人力资源通过正式或非正式的合作实现了自我组织,使硅谷形成了一个有充分集聚效应的产业区。其次,中心城市为创新活动的扩散提供了源动力。中心城市里聚集了很多大型企业,大型企业更容易进行区域间和国际间的商品交换,从而强化所处地域内的创新环境的作用。另外,大型企业更容易进行市场的划分和重组,有些业务可以交由分销商和外包商完成,这一过程有利于技术的转换和扩散,从而

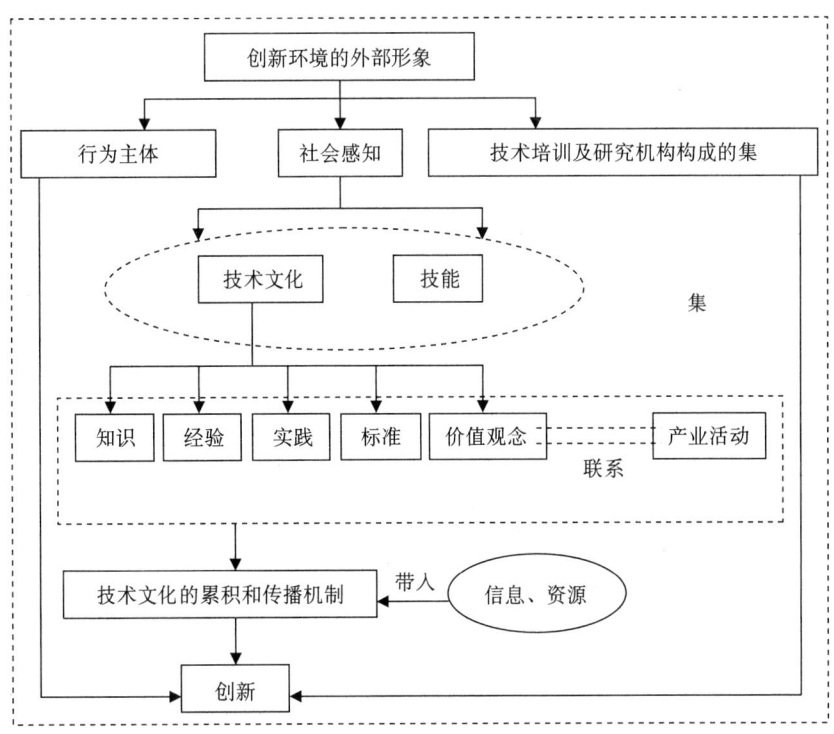

图 7-2 创新环境的外部形象

强化环境的创新能力。还有,各个行业的技术培训也往往在中心城市举办,边缘地区可以输送人力资源到中心城市培训,提高劳动者素质,从而将边缘地区纳入它的专门化一体化系统;再者,创新环境更容易促成区域内微观、中观和宏观组织协调组合的形成,有利于推动域内社会经济的发展。域内微观企业在基础设施不完善的条件下,可以利用经营技巧吸引域外代理人进入创新网络。中观和宏观组织可以通过改善基础设施、提供中介服务、给予政策支持等手段和措施服务于市场创新,创新会得到进一步扩散;最后,技术社会化的组织过程。即由政府主导的技术传播机构和自组织性的技术传播机构,由于共同的创新目标,通过正式组织形式和非正式组织渠道产生的共同学习行为和集体协作精神。如图7-3。

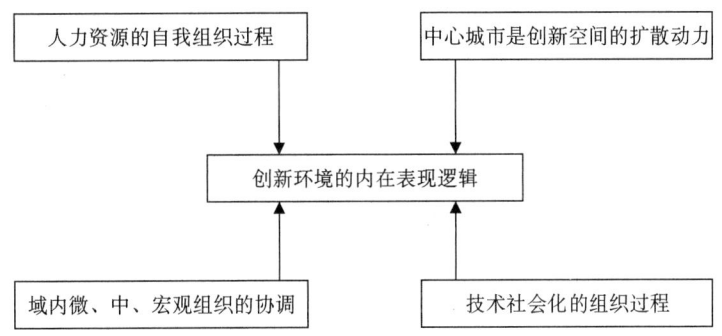

图 7-3 创新环境的内在表现逻辑

第三，创新环境的协同作用。协同是域内各种资源相互联系、相互融合将效用发挥到极致，最终产生"1+1>2"的效应。区域创新其实是域内资源在空间内立体发展的结果，既涉及经济的组合又涉及空间的布局，而创新环境可以促进资源有效配置的氛围的构建。

第四，创新环境有利于创造共同学习的氛围。共同学习氛围的产生需要四个条件：信息、知识、胜任力和创造力。创新过程始于行业信息，知识包含信息接收者的智力、技能水平及对信息的运用消化能力。胜任力和创造力保证了信息接收者在接收信息之后运用自己的知识和技能，使有用的信息通过组织化的渠道进入创新系统，最终促成创新的产生。

第五，创新环境促成创新网络的形成。创新网络是域内创新主体在创新过程中不断与其他各个不同层次的组织，基于共同的创新目标，进行能量、信息、物质的输入输出的交换而形成的具有弹性的体系结构。不同的是，对于域外的能量、信息、物质的交换是通过正式的、选择性的链接进行的，而域内的能量、信息、物质的交换则是通过非正式的和不显现的链接进行的。

GREMI 的最重要的贡献是首次提出了"区域创新环境"的概念并分析了它对于区域创新系统所起的作用。尤其是这里的"创新环境"并不强调区域内基础设施、物质条件等硬环境，而是强调和社会文化理念相关联的软环境。在某一个区域内，信息、知识不仅会通过通讯设备及网络等物质手段去传输，更为重要的是，它们还会通过人与人之间的接触、潜移默化的影响等非正式、非物化的手段去传播。这些理念和看法都为创新系统的研究提供了新的视角。

7.2.3　区域创新环境概念研究的理论视角

"区域创新环境"概念提出后，引发了区域创新理论研究领域众多学者的关注，同时，他们也注意到，原来备受推崇的"区位优势"在今天交通便利、区域内资源交换便捷、频繁的情况下，已无力解释区域间创新效率差异的产生原因，而在创新实践中，即便是两个区域内创新活动的硬件设施相似，但是由于地域文化、人们的价值观念、风俗、习惯等人文环境的不同，而产生不同的创新效率。因此，很多学者们都热衷于对"区域创新环境"的研究，遗憾的是，到目前为止，关于"区域创新环境"的概念，大家还未形成统一的认识。有些学者沿用 GREMI 提出的涵义，认为"创新环境"更倾向于创新中的人文关系的支持，而另一些学者将"创新环境"的概念等同于创新的各类支持条件和资源，还有一些学者认为"创新环境"就是"创新网络"。以下对这些概念及论断予以总结和分类：

1. 网络论

持"网络论"观点的学者认为"创新环境"就是"创新网络"，环境本来就是域内创新行为主体相互联系、相互沟通、相互作用的网络联系，这种网络联系有利于信息、知识在域内的交流与转换，有利于促进创新的产生。

Josty（1990 年）提出，创新活动本身就是一个系统化和网络化的过程，这也是技术创新产生和发展的必须的条件，换句话说，创新就是处于复杂的环境氛围中才有可能实现的，这种复杂的环境氛围就是创新网络，也就是创新环境，二者的表达并无任何区别[①]。Storper（1997年）强调企业家、学者、政策的制定者之间为了促使创新行为产生而构建的制度、政策和规章的复杂网络系统，这一复杂网络系统就是"创新环境"[②]；Conway 和 Steward（1998年）提出创新是由新的思想、不为别人所有的信息、特殊的技术、神秘的编码知识和诀窍促成的，因此，创新需要创新主体共同参与并形成复杂网络，这种复杂网络就是"创新环境"[③]；王缉慈（1999年）虽然将"创新环境"的概念等同于创新网络，但是依然沿用 GREMI 提出的"创新环境"的概念，强调高技术产业依赖的创新环境特指社会文化环境，它是域内创新主体在相互交流沟通的基础上所建立的长期的正式或非正式关系[④]。

从以上学者对于"创新环境"概念的界定可以看出：他们强调的是创新主体在域内发生相互影响而形成的网络关系。所以，创新绝不是独立个体的行为结果，而是众多主体集体学习的结果[⑤][⑥]。后来，Fromhold（2004年）提出的"创新环境"的概念及含义备受学界关注，他认为"创新环境"由三个主要要素构成[⑦]：

第一，非正式社会契约链结而成的网络。同处一个网络中，因为契约的保证，创新主体之间在进行信息和知识的交换时能够产生足够的信任，在有重大创新决策做出时，出于同理心也能相互给予情感上的支持。人类的经济活动其实一直都是建立在约定的社会习俗和道德水平之上的，离开了道德素质，相互之间的交易基础就不存在，交易活动也会随之而动摇。但是，如果行为主体和网络中的其他主体通过不断地沟通交流，相互之间产生信任，就会使得他们之间的交易成本降低、行业秩序建立、社会分工深化、产业链变长。这样创新成功的概率才会增大。因此，创新活动的成功不仅需要物质资本、金融资本的支持，还需要无形资本，尤其是道德、规范、秩序、信任的支持。

反之，区域创新网络的发展程度又是反映创新环境培育程度的重要标志[⑧]。处在网络中各个行为主体由于位置不同，所得到的资源和机会也不均等，这势必会导致行为主体的既得利益不同，进而相互之间容易产生摩擦、不信任现象。这也会导致区域创新网络的功能不能正常发挥出来。所以，能促进创新的道德、规范、秩序、信任等无形资本是区域创

---

① Josty P L. A Tentative Model of Innovation Process [J]. R&D Management, 1990, 20 (1): 35-45.

② Storper M. The Regional World: Territorial Development in a Global Economy [M]. New York: Guildford Press, 1997: 86-101.

③ Conway S, Steward F. Networks and Interfaces in Environmental Innovation: A Comparative Study in the Uk and Germany [J]. The Journal of High Technology Management Research, 1998, 9 (2): 239-253.

④ 王缉慈. 知识创新和区域创新环境[J]. 经济地理, 1999, 19 (1): 11-15.

⑤ Bramanti A, Senn L. Innovation, Firm and Milieu: A Dynamic and Cyclic Approach [R]. London: Belhaven Press, 1991: 89-104.

⑥ Camagni R, Capello R. Urban Milieux: From Theory to Empirical Findings [M]. Berlin: Springer Netherlands, 2004: 249-274.

⑦ Fromhold E. Innovative Milieu and Social Capital – Complementary or Redundant Concepts of Collaboration – based Regional Development? [J]. European Planning Studies, 2004, 12 (6): 747-765.

⑧ Romijn H, Mike A. Innovation, Networking and Proximity: Lessons from Small High Technology Firms in the UK [J]. Regional Studies, 2002, 36 (1): 81-86.

新网络发展优良的重要保证。各个行为主体在相互信任、共同协作的基础下，在一定契约和规范的约束下，一些隐含在区域内无形资本中的不为人广泛知晓的独特的技巧及企业家创新精神等隐形的知识和文化就便于在网络内转移，而且，很难为其他网络的行为主体所模仿和复制，最终，优良的区域创新环境就会渐渐培养起来。

第二，创新主体在地理上的临近。这也是创新环境形成的必备条件。因为在区域内人力资源的流动要比区域间的流动在频率上要更高，条件上要更便捷。而且，同处一个区域的创新主体在长期的历史和地理因素的影响和熏陶下，更容易形成相同或相似的社会认知和心理偏好，因此，知识和信息在他们之间传递更容易产生共鸣。地理上临近的主体就需要这样一种便于彼此信任、彼此协作的氛围，尤其是社会人文环境，它具有能够促使主体在临近距离中容易产生亲和作用的性质。国内学者王缉慈（1999年）也赞同这种看法并提出：地理上临近的创新主体比地理上远离的主体之间更容易共同学习，也更加容易产生协同效用，从而形成有利于创新主体迸发创新灵感的"氛围"[1]。

第三，创新环境既包括显性的物化形式，又包括隐性的非物化形式（比如：趋同的价值观念、习惯准则等）。它们共同作用于域内创新主体，促使主体在创新的问题达成共识：比如崇尚个人英雄主义、具有开拓精神、敢于承担风险、包容创新失败等。

以上三个因素保证了区域内信息交流渠道通畅、正式和非正式交流方式双管齐下、创新成功的或失败的教训容易传递。这样相近的关系和相同的文化背景能够有效促进域内主体做出相似的创新决策[2][3]，减少创新失败概率及鼓励主体集体学习行为发生的可能性。

2. 系统论

另一些学者，主要是部分国内学者对于"创新环境"的理解并没有秉承 GREMI 的想法，而是将"创新环境"看成是区域内促成创新活动发生的所有支持条件，这些支持条件构成了一个庞大复杂的系统，并且系统内有严格的结构和层次。贾亚南（2001年）将"区域创新环境"分为硬环境和软环境：硬环境包括基础层次网络和信息层次网络，软环境包括文化层次网络和组织层次网络。四个层次网络构成了一个有机系统，共同促成区域内创新主体开展创新活动[4]。如图7-4所示。

国内学者盖文启（2002年）则认为"区域创新环境"包括动态环境和静态环境两方面。动态环境是指为了不断提升区域创新活动的绩效，区域创新环境需要根据外界条件的变化而不断调整和改善。静态环境是指促进区域内创新行为发生的，相对不发生改变和调整的各种条件和资源[5]。

针对以上的分析，做出总结：关于"区域创新环境"，从"网络论"出发的学者基本

---

[1] 王缉慈. 知识创新和区域创新环境[J]. 经济地理，1999，19（1）：11-15.
[2] Camagni R. Local "Milieu", Uncertainty and Innovation Network: Twords a New Dynamic Theory of Economic Space [M]. London: Belhaven Press, 1991: 121-144.
[3] Lawson C. Territorial Clustering and High – Technology Innovation: From Industrial Districts to Innovative Milieux [R]. ERSC Working Paper, 1997.
[4] 贾亚男. 关于区域创新环境的理论探讨[J]. 地域研究与开发，2001，20（1）：5-8.
[5] 盖文启. 论区域经济发展与区域创新环境[J]. 学术研究，2002（1）：60-63.

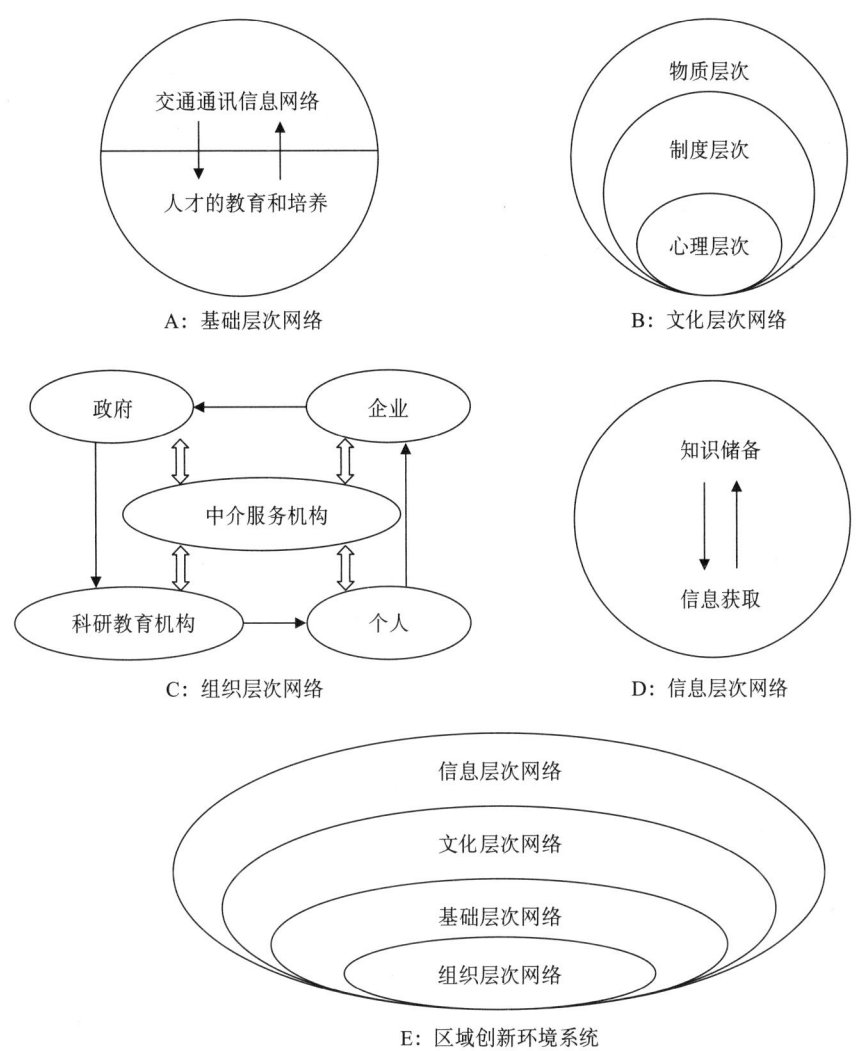

图 7-4 区域创新环境结构示意图

秉承了 GREMI 的思想，强调"创新环境"中沟通关系、共同协作、道德规则的人文环境，但是国内学者将"创新环境"的概念等同于"创新网络"，并未作详细区分。从"系统论"出发的学者多见于国内学者，将"创新环境"的概念看作创新活动所有的支持条件和资源，并做了结构上的细分。这一思想将创新环境的概念扩大化，认为创新主体是环境的产物，它们会和所处的环境进行能量的输入与输出的交换，同时环境也是培育创新主体的场所，它的质量的好坏对创新主体创新效果的影响是非常重要的。本书中对于"区域创新环境"的界定采用的是 GREMI 的思想。

7.2.4 区域创新环境对于创新效率空间差异化的影响机理

正如我们前面分析的，越来越多的学者注意到：在一些经济较为发达的地区更容易实现产业的集聚现象，但是集聚的目的和条件已经与以前大不相同，这时的集聚的原动力不是区位优势,更多的是集体学习和共同协作的行为促成的。于是,越容易发生集聚的地域各个产业尤其是高技术产业的创新活动表现更为活跃,相应的创新效率也比非集聚区更高,这便形成了集聚区与非集聚区之间的差异。学者们也进行了原因的探寻,希望寻求区域创新环境对于创新效率空间差异化的影响机理:Debresson 和 Amesse(1991 年)提出高技术企业对创新网络的依赖性更强,如果离开这种网络环境,它们有可能生存不下去[①]。Saxenian(1994 年)提出:集聚在一起的企业所形成的网络环境能促进各类知识、信息尤其是隐性的知识和信息在相互之间的交流和传递,从而能够大大促进企业创新活动发生概率并提升创新活动的效率[②]。Michael(1997 年)提出,在地理位置上集中在一起的企业通过相互交流与沟通,就会具有较强的"关系资本"和产业链上的"相互依存"关系,从而便于隐性知识的传递,也容易提高其专业化水平,更容易促进产业之间的协调与合作[③]。Bramanti 和 Maggioni(1997)认为创新环境特指社会文化环境,社会文化环境能够促进高技术产业创新行为的发生,与此同时,频繁的创新活动也会促进社会文化环境的培育质量[④]。Baptista(1998 年)则通过实证研究对比得出结论:处于创新集聚区内的高技术企业要比集聚区外的企业发生创新行为及创新行为成功的概率更一些,因为集群内部的企业有更为融合的创新氛围(环境)[⑤]。

通过以上分析,我们发现学者们已经认识到:产业在空间内集聚,更重要的意义体现在它能提供包括隐性知识在内的非物化资本,它所构成的网络关系也便于主体之间交流和传递信息与知识。现实中的创新实践也支持了理论上的结论,那些产业集聚的地区,规则、信任、支持更容易在创新主体之间产生,因而,他们更容易比非集聚区拥有共同的价值观念和知识结构,所以,区域创新环境强调的非物化资本能使域内的高技术企业更容易产生创新行为,并拥有持久的创新力和竞争力,从而造成了产业集聚区与非集聚区内创新效率的差异。具体来说,区域创新环境对于区域高技术产业创新效率差异的影响作用主要体现在以下几个方面:

第一,区域创新环境中知识、信息的传递与交流更容易促使域内创新主体出现共同学习的氛围。创新的基础是对原有知识的学习和更新,而知识则是存储在主体的脑海中,特别是某些特有的知识,在地理和空间的限制下,具有不可流动性。换句话说,地理和空间距离越远的主体之间越不容易发生知识的交流和更新,而距离越近的主体,进行知识、信息的可能性更大一些。所以,地理距离临近、空间上集聚和外部经济性对区域内经济发展

[①] Debresson C. Amesse F. Networks of Innovators: A Review and Introduction to the Issue [J]. Research Policy, 1991, 20 (5): 363 – 379.

[②] Saxenian A. Reginal Advantage: Culture Competition in Silicon Valley and Route 128 [M]. Boston: Harvard University Press, 1996: 128.

[③] Michael S. The Regional World: Territorial Development in a Global Economy [M]. New York: The Guilford Press, 1997: 338.

[④] Bramanti A, Maggioni M A. The Dynamics of Milieux: The Network Analysis Approach: The GREMI Approach [M]. The Dynamics of Innovative Regions, 1997: 321 – 341.

[⑤] Baptista R, Swann P. Do Firm in Clusters Innovation More? [J]. Research Policy, 1998, 27 (5): 525 – 540.

具有强大的正面效应①。在某一个区域内，当地的社会文化和特有技术中包含的隐性知识具有独特的地方特色，因而使学习行为和技术传承也会具有地方独特性，而产业在空间上的集聚则为知识和信息的传递与交流提供了便利，进而为区域创新发展提供了时空上的便利。

第二，区域创新环境中创新主体的信任与支持等社会资本容易促进创新氛围的产生。处在网络内的创新主体相互学习与交流、相互信任与支持，这必然会大大促进主体之间知识、信息的交流与扩散，这自然会激发创新主体的创新欲望，提高创新行为发生的可能性，还会提高对抗创新活动失败的能力，从而提高创新能力和竞争力。而这反过来又能促进创新网络结构的改进，积累创新优势，为下一次或其他领域的创新奠定基础。正如 Castells 所说：地理和空间上的临近性是创新氛围产生的必要条件，这可以保证创新主体进行频繁的互动。创新氛围之所以能起到促进创新的作用就是因为地理和空间上的临近能使创新主体产生"合能（synergy）"的效果，这并不是因为氛围中各种因素的累积，而是因为氛围中各种元素的互动。创新氛围是新的经济时代产生创新行为、增加产品或服务附加值最根本的源泉和动力②。

第三，促进区域创新环境中创新主体集体学习、共同协作的目标成为开发地区政策、提高产业竞争力的政策依据。当前，很多发达国家在制定区域发展政策时，均以繁荣创新活动为出发点，而繁荣创新活动中又以产业集聚为发展基础，以促进集体学习和共同协作以保证创新持续力的产生为目标。有较好的区域创新环境支持的生产系统大多不是硬性粗放型的，而是柔性专精型的，它的主要特征是默认知识的共同学习和共同分享，默认知识和信息的传递是通过网络内非正式关系实现的。在柔性化的生产过程中，员工大多是知识型、高素质的，它们在企业中受到的控制约束行为较少，自主更新知识和技能的意识更强，容易产生新的想法，接受新的观念，最终促使创新行为的发生，并从竞争的角度出发，尽可能降低生产成本、创新成本和交换成本。另外，在过去相对稳定的环境中，企业主及地方官员更多追逐的是短期目标和超额利润，因而他们更看重时间、效率和速度。但是今天的企业竞争已经不能依靠这些因素取胜，我们更看重的是创新和差异化，这需要更多的时间和耐心。因此，处在集聚区内企业的成功，不在于一时的成功，也不在于某一个产品或服务的成功，而在于它有没有能力维持持续的创新。否则，它很容易因为空间距离临近而被模仿，从而失去竞争优势。有良好的区域创新环境支持的企业，知识与信息均处于高流动状态，这种状态可以让企业迅速洞察到市场需求，改进提供产品和服务的功能，更新技术设备和生产手段，并在同类型企业采取竞争行为之前抢占商机，并将优势迅速扩散。

第四，区域创新环境的根植性能促进优良社会资本的积累。人类的经济行为都是根植于一定的人际关系网络中的，因此，社会关系的积累也可以被视为一种社会资本，既然是

---

① 王郁蓉，师萍. 创新环境对创新力和创新绩效的作用机制与对策研究[J]. 科学管理研究，2015，33（5）：17-20.

② 曼纽尔·卡斯泰尔. 信息化城市[M]. 崔保国译. 南京：江苏人民出版社，2001：110.

社会资本，就有可能通过投资实现资本的增值，从而增加这种资本作用于人类经济活动的效率与结果。由信任、规则链结而成的网络构成了社会资本中最为关键的要素，直接影响网络中主体之间的关系和整个经济过程。集聚区内的所有要素不仅组成了一个柔性专精的区域专业化系统，更组成了一个相互之间存在复杂关系但具有共同的文化属性的有机系统①。在这样的系统内，良好的社会关系和信任资本促进了根植性的产生，也正是在这种同质的文化背景下，各个主体相互联系、联结形成了复杂的网络，它比市场更稳定，但又比企业更灵活，在生产和创新的过程中，它们自然而然的建立起了柔性专精的系统，以此来应对当今社会需要市场做出快速的反映的状态，学者们将这种网络组织称之为产业集群。波特认为这种产业集群组织的主体之间既相互独立又相互联系，是一种富有活力的组织形式，它最大的特点就是主体之间协作意愿高、决策行为效率高、行动转化灵活。但是，波特忽略了产业集群内部比较隐性的有机联系纽带——社会资本和社会根植性。这也是许多地区模仿先进地区进行产业集聚区的引导和建设时难以成功的主要原因，模仿了别的地区的皮毛，但拿不走别的地区的精髓，因为某一区域的社会文化的根植性是不容易发生转移的。集聚区内的主体为了能够应付复杂多变的动态环境，它们之间的产权联系并不十分紧密。但是，由于同处一个集群内，各个主体分处产业链上的不同位置，这是纵向一体化发展的需要，因而它们之间资产的专用性比较强，主体之间的交易频率也比较高，为了避免出现投机行为，也为了保证相互之间的长期利益的获得，各个主体得出结论，只有互相信任、互相支持、互相协作，才可以降低交易成本与监督成本，于是，社会资本的润滑作用就得以体现。换句话说，集聚区的形成与发展不但需要硬件设施的支持，更需要道德、规范、信任等社会资本的支持，它们构成了集聚区内具有重要功能的软实力，会增加主体之间的信任度，成为他们彼此联系的纽带②。

7.3　本章小结

本章主要阐述了区域创新环境对于我国区域高技术产业创新效率空间差异的影响作用：

（1）通过前期梳理文献和第5章、第6章的空间差异分析，我们了解到：我国高技术产业创新投入与产出指标均出现不同程度的集聚现象，以此造成了创新效率在集聚区域和非集聚区域出现了不同程度的差异，南北地区、东西地区差异明显。之前学者们把这种现象的产生归因于区位优势，而当今我们所处的是信息与知识大爆炸的时代，科技创新是国家或地区发展的主旋律。因此，在新的时代背景下，引发区域高技术产业创新效率差异产

---

① Neelankavil J P, Alaganar V T. Strategic Resource Commitment of High – tech Firms：An International Comparison [J]. Journal of Business Research，2003，56（6）：493 – 502.
② 王郁蓉，师萍. 创新环境研究综述[J]. 科学管理研究，2014，32（4）：52 – 55.

生的主要因素也应随着时间的发展而发生变化。

（2）从空间关联的角度来看，在某些区域内，产业集聚在一起所形成的集体学习精神和协同作用是后工业时代造成区域创新效率空间差异的主导因素。学界将这一因素定义为"区域创新环境"，"创新环境"的质量不同，不同区域内产业之间的技术创新的欲望和动机就不相同，创新主体之间的联系关系就不相同。创新环境优良的集聚区内，创新主体彼此独立但又相互联结，他们遵循同一套道德规范体系，相互之间信任支持，因而容易促成互动创新模式的产生，创新行为更加持久，也更加注重通过创新获得企业长期利益。而非集聚区则不容易产生这样的状态，信任、规范等社会资本所起到的支持作用也微乎其微，久而久之，也造就了集聚区与非集聚区创新效率显著的空间差异。

第8章 提升中国区域高技术产业创新效率的对策和建议

经过前面章节的分析，我们可以看到，我国高技术产业规模逐年扩大，整体水平不断提升。创新的硬件设施和支持条件不断完善，创新效率不断提高。但是，同时我们也要看到：和发达国家相比，我国高技术产业的创新效率水平还有待提高，大部分地区还未达到技术效率有效的水平，"区域创新环境"对域内高技术企业创新能力的促进作用还未充分彰显。同时，我国高技术产业的创新投入资源在区域间的配置也不合理，创新效率在各区域的差异显著，企业间缺乏协作，创新合力不足。因此，应了解区域创新活动开展情况，掌握区域自主创新能力建设现状，采取有效手段，切实提高区域创新效率，在政府的引导和推动下，进一步挖掘企业自主创新潜能，以市场为手段合理配置创新资源，最大限度发挥大学和科研院所的导向功能，进一步形成区域高技术产业创新的整体合力，真正发挥区域自主创新引擎作用，推进经济增长方式快速转变，实现综合国力大幅提升。

8.1 提升中国区域高技术产业创新效率的基本思路

8.1.1 提升中国区域高技术产业创新效率的基本原则

我国区域高技术产业创新活动是创新主体、创新环境等多种要素共同作用、协同发挥力量的结果。因此，区域高技术产业创新效率的提升不能单纯考虑创新效率的增强，还要兼顾区域创新效率差距的缩小，实现各区域的均衡发展，因此，在制定提升区域高技术产业创新效率的政策和措施时，需要遵循一些原则：

第一，把赶超引领作为出发点。把握全球科技创新的前沿趋势，在关系国家战略全局的核心领域，提前布局谋划，实施非对称战略，提高自主创新水平，实现关键技术领域的跨越式发展，跟上甚至引领全球科技的发展，抢占新一轮全球科技发展的战略制高点。

第二，把服务人民作为根本目的。密切关注人民的根本利益和迫切需要，把科技创新和提高人民的生活水平紧密联系在一起，发挥科技创新在改善民生质量，提高人民健康水平、增加就业和创业机会等方面的重要作用,完善公共科技服务,建设宜居生活环境,让创新成果广泛惠及人民,提升人民幸福感,增强民族自信心。

第三,把深化改革作为动力源泉。深入推进体制机制建设,统筹科技与经济协调发展,建立创新驱动发展战略体系,强化企业主体地位,突出政府服务职能,把市场作为资源配置的主要手段,进一步优化科技发展政策环境,破解科技发展深层次矛盾,激发自主创新活力,提高科技成果的转化率,为增强我国科技整体实力提供持续发展动力。

第四,把人才聚集作为本质要求。人才是科技创新的源泉,加快创新驱动发展,高层次人才聚集是关键,深入实施人才优先策略,把人才培育放在首要位置,建设高水平创新平台吸引人才,优化制度环境留住人才,健全体制机制培养人才,打造一支勇于奉献,敢于担当,素质优良的有竞争力的创新人才队伍。

第五,把世界眼光作为重要导向。积极融入世界科技创新体系,深度融合,广泛合作,促进创新要素在国际间有序流动,推进全球科技创新进程,建立高水平的创新合作平台,深度参与全球创新治理,实现关键领域的技术赶超,甚至引领世界先进水平,不断增强国际竞争力和影响力。

8.1.2 提升中国区域高技术产业创新效率的基本思路

(1) 我国区域高技术产业创新效率提升的对策要打破行政区划限制。改革行政管理体制,打破行政区划界限,破除传统行政区域对资本的束缚,实现生产要素在区域内自由流动,减少基础设施的重复建设,提高资源利用效率,优化竞争合作环境,实现区域一体化发展,是统筹经济社会发展的客观需要。因此,在改进区域创新发展模式的过程中,要加快行政体制改革,转变管理理念,突破本地利益桎梏,提高资源配置效率,提升产业创新效率,建立一体化共同发展格局。集聚区内相关省份应该密切合作,突破传统行政管辖限制,重视域内高技术企业内在的经济和科技联系,实现跨地区联动错位发展,构建渗透能力强、辐射范围大、示范作用强的区域创新动力源泉。

(2) 我国区域高技术产业创新效率提升的对策要注重对区域创新环境的培育。区域内地方政府、高技术企业、中介机构以及高等院校和科研院所等行为主体,通过创新活动紧密联系在一起,相互协调,相互作用,资金得以自由流动,技术、知识得以有效扩散和转移,实现了生产要素的再创新和价值增值。良好的区域创新环境能够增加市场的稳定性,有利于新产品繁衍,巩固区域创新优势,推动区域经济持续健康发展;有利于降低生产成本,提高企业经济效益,打造企业特色文化,增强企业凝聚力;有利于发现和培育高层次人才,增强企业内部创新活力;有利于高新技术专业化、产业化发展,增强产业融合优势,进一步增强域内产业的竞争力。由此可见,区域创新环境是特定区域内各要素相互融合、协调的运行系统。域内政府、企业、中介机构以及高等院校和科研院所等行为主体以创新发展为目的交互作用,不断增强区域创新竞争力,因此,我国区域高技术产业创新效率提升的对策要把创新环境对创新效率的提升作用放在首位。

(3) 我国区域高技术产业创新效率提升的对策要强化企业创新主体地位,突出政府服务职能，以市场为主要手段，提高资源配置效率，形成各种创新要素密切联系、相互作用、深度融合的社会系统。建立健全科技创新政策体系，充分发挥市场机制引导作用，出台更多普惠性政策，最大程度激发企业和社会的创新热情。引入科技成果市场评价机制，发挥政府采购激励作用。加大财政专项资金投入，丰富资金扶持方式，发挥财政资金杠杆效应，增加高技术企业融资渠道。加快政府职能转变，突出政府服务职能，健全科技公共服务体系，降低市场科技服务业准入标准，加大对小微科技服务企业的扶持力度，创新科技服务模式，增强各类科技服务主体活力。

(4) 我国区域高技术产业创新效率提升的对策要加强对研发人员的激励。创新是高技术企业生存的关键，而研发人员是企业创新的决定因素，是最具创造力的战略资源。研发人员的创造力是技术创新的重要来源，研发人员自身素质的提升，推动着企业技术不断进步，生产成本不断降低，产品价值持续增长，企业竞争力不断增强。研发人员是企业发展的核心要素，其主观能动性和创造性是创新活动成败的关键。研发人员的规模、能力、组织形式反映了一个企业的创新能力概况，是企业综合实力的具体体现。研发人员是高层次创新人才，是一种稀缺的人力资源，设计合理高效的激励机制，创造良好的物质文化环境，激发研发人员的创造性和奉献精神是企业永葆活力的关键①。因此，我国区域高技术产业创新效率提升的对策要加强对研发人员的激励是十分必要的。

(5) 我国区域高技术产业创新效率提升的对策要准确把握世界高技术发展态势，提高自主创新整体能力。世界范围内高技术交流与合作日益增多，创新成果转化不断加快，创新模式不断改进优化，创新要素集聚效应日趋明显②。高技术产业创新效率不仅在支撑区域经济增长方面起着重要作用，也是提升一个国家国际竞争力的关键因素。一国的科技实力取决于所含地域的科技实力，而地域的科技实力又取决于域内高技术产业是否在空间上形成了稳定的集聚态势。实践证明，以美国"硅谷"为代表的众多高技术产业聚集带的崛起，都证明了这一规律③。近年来，随着社会的发展和科技进步，我国各产业部门都出现了具有代表性的集聚区域，如河北唐山曹妃甸的钢铁石化产业、广东顺德陈村的花卉产业、江苏的刺绣陶瓷产业等都具有企业集聚的特征。自主创新模式的改进和优化，提升了区域高技术产业竞争优势，进而增强了我国国际核心竞争力。因此，在制订提升区域高技术产业创新效率策略时，应把握世界高技术发展态势，走中国特色自主创新之路，不断改进和优化区域高技术产业自主创新发展模式。

---

① 李乃文，李方正. 创新型科技人才集聚效应研究[J]. 徐州工程学院学报（社会科学版），2012，27（2）：26 – 31.

② Doloreux D. What We Should Know about Regional Systems of Innovation [J]. Technology in Society, 2002, 24 (3): 243 – 263.

③ Isaken A. Regional Clusters between Local and Non – locan Relations [C]. A Comparative European Study, 2001 (6): 10 – 14.

8.2 提升中国区域高技术产业创新效率的对策和建议

经过40多年的不懈努力，尤其是创新驱动发展战略决策的制订和实施，我国科技实力得到有效增强，科技成果日益丰富，取得了许多关键领域的重大技术突破，科技水平日益提高，接近甚至领先国际先进水平，自主创新能力稳步提高，高技术产业规模不断壮大，发展充满活力。但是，同时我们必须看到，我国高技术产业发展依然任重道远：一是面临发达经济体新的竞争压力。由于历史原因，美欧日等主要发达国家目前在技术研发和商业模式创新方面仍然走在前头，他们会率先抢占新的国际竞争制高点，进而形成新的技术壁垒，将对我国高技术产业发展形成新的竞争压力。二是高技术产业总体创新水平不高。当前乃至今后相当长一段时间内，我国总体创新能力较低、高技术产业多数领域处于国际产业分工价值链中低端的态势尚难以根本改变，再加上高技术产品出口市场低迷、部分领域产能过剩、各类要素成本快速上升等因素，都会对高技术产业发展造成一定影响。三是高层次人才激励措施不到位、不突出，各区域在人才引进方面区位优势不明显。因此，根据前面总结的我国区域高技术产业创新效率提升的原则和思路，提出以下建议和对策。

8.2.1 利用集群效应提高高技术产业的竞争实力

产业集群是一种空间经济组织形式，在工业化国家比较普遍，是在特定区域内利用产业专业化分工，实现各类要素在不同规模等级企业间自由流动，资源配置效率大幅提升，促进了劳动生产率和创新水平的提高，区域竞争力得到有效提升，同时，竞争力的增强又吸引更多新企业进入该区域，形成一个良性循环系统，产业集群得以扩大和优化[1]。美国硅谷地区的高技术产业是产业集群的典型代表，此外像我国的台湾新竹、印度的班加罗尔以及英国剑桥等地区也都是利用产业集群优势使高技术产业迅速发展，这些区域高技术产业的蓬勃发展说明，借助产业集群效应发展比单个产业依靠自身力量发展更具优势，竞争力也更强[2]。但是，同时我们也会发现，高技术产业集群在不同的发展阶段，其产生的效应也会不同，在初创时期，地理上相近的企业通过专业化分工，提高了资源配置效率，加快了技术合作频率，进而促进了产业创新水平，产生正的产业集群效应；在成熟阶段，由于区域内产业性质相近，地理上的邻近，导致竞争更加剧烈，降低了产业创新效率，产生负的产业集群效应，从本质上来说，这种变化符合边际报酬递减规律，随着产业集群内不断调整修复，负的效应会逐渐递减。

---

[1] Michael E P. Clusters and New Economics of Competition [J]. Harvard Business Review, 1998, 76 (6): 77-90.
[2] Porter M E. Location, Competition, and Economic Development: Local Clusters in a Global Economy [J]. Economic Development Quarterly, 2000, 14 (1): 15-34.

当前，我国高技术产业发展现状是各区域发展不平衡，水平高低不一，因此，应根据我国高技术产业发展实际和自身特点，合理利用集群效应，提高区域高技术产业创新效率。具体做法如下：

（1）在进行高技术产业规划时，应立足我国高技术产业区域发展不均衡的现状，合理规划布局，提高资源配置效率，提升高技术产业体系整体效能。当前，东部地区高技术企业数量基本饱和，再单纯增加企业数量，盲目扩大产业规模，只会造成产业带内竞争加剧。一味地扩大产业规模，增加产业数量只会造成区域内产业创新效率下降，经济效益减少，发达区域克服规模报酬递减规律的根本途径是合理利用集群优势对产业价值链进行优化和再造[①]。在产业集聚区，高技术企业之间相互关联，联系紧密，各种资源既具有相似性又具有异质性，为价值链的优化和再造奠定了基础，企业可以根据自身实际需要，对价值链重新分解，然后整合到产业集群中，在扩展企业核心价值环节的前提下，进行筛选优化，产生新的价值链，企业核心竞争力进一步提升，域内高技术企业发展更具活力。除此之外，集群外知识的获取对创新效率的提升具有重要的促进作用，但东部地区高技术产业集群发展成熟，已处于国内领先水平，与国内相近产业集群的合作与交流，对自身发展提升空间有限，外部知识来源只能依靠国外。因此，应坚持"走出去"和"引进来"策略，积极参与国际高技术产业分工，深度参与国际前沿技术领域的合作与交流，拓宽隐性知识来源渠道，提高获取水平，构筑高水平产业平台，引进高技术产业项目和人才，提高外部知识获取率，进一步提升产业集群的创新效率。

（2）实施非均衡发展策略，适时完成高技术产业由发达向次发达地区的梯度转移，加快推进中西部地区高技术产业发展。一方面，中西部地区应有效提高政府资金投入的利用率，充分发挥地区比较优势，进行错位发展，缩小与发达地区的差距。另一方面，应利用梯度转移，扩大产业规模，充分发挥集群效应优势，实现整个产业规模经济。同时，充分挖掘产业集群内部潜力，通过技术交叉繁殖，衍生出更多新企业，利用产业集群内良好的生态环境，加速新企业的发展，增强集群整体竞争力。利用企业核心竞争力的异质特征，实现各种资源的共享与互补，进一步降低发展成本，提高经济效应，最终实现整个集群创新效率的提高。

（3）充分利用比较优势，挖掘高技术产业落后地区的发展潜力。发展落后地区的高技术企业规模小、数量少、竞争力弱，集群优势无法形成。因此，落后地区要充分挖掘资源潜力，政府应强化主导作用，鼓励政策和"倒逼"政策相结合，丰富资金扶持模式，完善配套服务设施，利用比较优势吸引高技术企业进驻，建立高水平产业平台，引进高层次人才和项目，迅速扩大产业规模，快速形成产业集群，促进地区高技术产业创新能力的提升，形成良性循环，增强集群效应，逐渐缩小差距。直接的创新资金投入是产业集群进行创新研发的基本前提，一般来讲，经济活动通常会出现边际报酬递减特征，但是，在高技术产业的发展中我们要认识到，一方面，高技术产业是在智力资源的基础上发展起来的，

---

① 陈莞，谢富纪. 开放式自主创新与其支撑体系互动机制研究[J]. 科学学与科学技术管理，2007，28（3）：56–61.

正是边际报酬递减规律，激励企业不断进行创新，高技术产业也因此得以蓬勃发展；另一方面，可以通过固定资产投入的增加，来消除产业发展的瓶颈，进一步完善公共基础设施建设，通过提高创新投入实现企业乃至集群规模经济。

8.2.2 重视良好的区域创新环境的培育

在第 7 章的分析中，本书所强调的"区域创新环境"具体指区域创新主体在创新集聚过程中所产生的集体效率以及创新行为发生过程中的协同作用。同时，也特指创新过程中的文化和氛围等软性要素。与其他学者从系统论出发的概念界定并不完全等同。本书在 7.2.4 部分已经论证了其对创新效率的空间差异所产生的影响和作用：不同区域内，由于创新环境的质量不同，从而造成了创新资源优化、整合的程度不同；域内企业消化、吸收新技术的能力不同；技术扩散的范围不同；进而最终表现为创新效率的不同。因此，要想提升区域内高技术产业的创新效率，还要考虑培育良好的区域创新环境，营造浓厚的创新氛围。

1. 共建信息化平台，优化区域创新环境

区域创新环境的改善对提高区域创新效率至关重要。域内企业虽然具有地理临近优势，但在网络技术日益普及的今天，企业间多是通过网络进行交流与合作。现代化信息平台的建设打破了地域限制，将企业距离无线拉近，企业资源共享以及合作交流变得更加容易，在此基础上虚拟创新网络得以孕育产生。地方政府应针对企业发展需求，积极发挥引导作用，整合设备、运营、应用等多方资源，共建企业信息化平台，降低企业网络建设成本，满足企业互联网条件下创新需求，将区域内分散资源有效凝聚、优化，形成资源交互共享一体化模式，为企业技术引进和推广提供有力的服务支撑[1][2]。现代化信息平台的建设，促进企业有效利用互联网技术，加快电子商务的发展，实现区域高技术企业创新发展模式升级与优化。

2. 建立网络共享平台，提升区域创新价值

高技术企业为了实现自身经济效益最大化，通常都会严密保护自己的知识产权，从而确保核心竞争力，同时，又希望无偿使用其他企业的创新知识，分享既得利益。创新知识的自我封闭和搭便车行为导致企业创新动力不足，效率下降，区域内知识得不到有效扩散和流动，知识容量无法扩充，知识创新资源严重不足。解决上诉问题的有效途径是建立网络知识共享平台[3]。通过平台的建立可以有效减少搭便车行为，实现区域内知识有效流动与整合，知识快速转移和共享的直接结果就是区域内知识存量和容量不断扩充，为知识创新打下了坚实的基础。网络平台不仅可以实现域内现有知识的转移与共享，还能创造出新知识，成倍增加企业的收益。循环往复，区域创新知识会日益丰富，创新价值的大幅提升

---

[1] 赵付民，邹珊刚. 区域创新环境及对区域创新绩效的影响分析[J]. 统计与决策，2005（7）：17-18.
[2] 赵党国. 创新环境对区域企业创新活动影响的理论与实证研究[J]. 中国石油大学学报：社会科学版，2012，28（3）：19-23.
[3] Nonanka I. A Dynamic Theory of Organizational Knowledge Creation [J]. Organization Science，1994，5（1）：14-37.

吸引越来越多的企业进入。当区域内产业具有一定规模时，政府适时进入，通过建立科技园和开发区，增强区域创新活力。网络共享知识平台还可以借助互联网优势，打破地域限制，在全球范围开展创新合作，促进区域经济持续增长。

3. 营造良好的创新氛围，引导和鼓励企业合作创新

充分发挥政府主体作用，为区域创新企业搭建合作平台，增加企业间合作与交流的机会，促进域内创新要素自由流动，实现资源共享，通过政策制度安排，鼓励和引导企业进行合作创新[1]。合作技术创新能否成功的关键在于合作企业能否建立信任机制。政府在其中发挥着重要作用，通过建立创新公共服务平台，借助政府宣传、教育的强大优势，在区域内普及知识产权知识，灌输合作创新理念，培育新创新文化，提高企业诚信意识，营造互信互惠良好合作创新氛围，促进企业信任机制的建立。与此同时，企业追求经济利益最大化，为了降低创新成本，不可避免产生"搭便车"行为，导致域内企业缺乏创新动力，政府应建立一套有效激发企业创新积极性的技术、知识有偿共享机制，给予为提高区域整体创新水平做出贡献的企业在政策、融资、投入等层面的倾斜并进行资金奖励，以补偿其创新成本投入，为区域整体创新能力提升提供强大推力。除此之外，还应该引入一些培训机制或是开发具体措施，例如，举行新企业见面会、企业高管沙龙、开办读书会、创新创业公开课。或是定期举办创新产品研讨会或展览，使企业的创新人才能以开放、轻松的状态沟通交流。总之，创新环境的培育，创新氛围的形成，有赖于政府部门的良性引导，通过政府的穿针引线，构建灵活的创新元素，吸引人才，留住企业。

8.2.3 摆正政府在创新中的作用

政府在创新中的定位和介入时机至关重要，决定着产业发展战略的成败。迄今为止，成功发展的高技术产业园区都与政府息息相关，但政府能否准确把握介入角度和立场是高技术产业战略能否成功的关键。这些关键因素包括：领导人对世界科技发展趋势的判断力；政府的自我定位以及对产、学、研的协调能力；政府制定的高技术计划对企业的吸引力以及公共部门与民间企业的互动性。政府应准确把握上述因素，摆正自身位置，做好桥梁和纽带，充分发挥导向功能[2]。因此，必须把握两个原则：

原则一：强化市场调节，弱化宏观调控。

总结高技术产业发展经验，我们发现市场化是高技术产业健康、快速发展的决定因素，如果违背高技术产业客观发展规律，无视市场化趋势，政府过度干预，产业发展必将走向衰落。经验教训不胜枚举，最具代表性的是日本广播协会生产高清晰度电视的案例，因为有政府背景，在政府的直接干预下，日本广播协会耗时20年，花费7亿美元，研制出了模拟电视的升级版高清电视，而同时美欧却利用更短的时间研制出了更具科技含量的数字高清电视，二者主要区别在于美欧以市场化为导向，而日本政府过度干预，脱离市场

---

[1] 王郁蓉，师萍. 优化高新技术企业创新环境的对策分析[J]. 企业家信息, 2013 (10): 107-108.
[2] Ciccone A, Hall R E. Productivity and the Density of Economic Activity [J]. American Economic Review, 1996, 86 (5): 54-70.

化，导致企业失去创新活力。

原则二：发挥区位优势，坚持文化特色。

已有的高技术产业发展经验中没有一条是适合所有国家和地区的，硅谷的高技术产业发展经验一直被世界各地学习借鉴，但直到今天，世界上仍然只有一个硅谷。说明一个国家和地区只有立足自身，发挥区位优势，坚持文化特色，才能制订出适合自己的高技术发展战略。20世纪70年代末，我国台湾地区派人到美国参观学习，拜访了特曼教授，咨询高技术产业发展策略，特曼教授根据在美国的中国台湾工程师的现状，建议吸引留美人才回台湾创业，台湾地区当即采纳，立即邀请一批工程师回台湾考察，并给予各方面政策支持，之后，经过近20年的发展，到20世纪90年代末，由美国回台湾的企业家创办的公司数量就已经占到了新竹公司总量的五分之二。

政府要审时度势，加快转变在高技术产业创新中的角色，适时完成由主导型到引导型的过渡①。高技术产业具有溢出效应，所以在高技术产业发展过程中，政府都是积极主动的参与，但政府调控具有双重作用，因此选择适合本地区高技术产业的发展模式，显得尤为重要。结合我国区域高技术产业发展具体情况，分析如下：

在高技术产业发达区域，大部分产业处于成熟阶段。此时，政府应抓住契机将职能由主导转变为引导，重点是发挥政府服务职能。通过完善公共服务设施，健全制度保障体系，优化创新环境，促进创新要素自由流动，营造良好竞争、合作氛围，不断增强服务能力、提高服务水平，真正实现由主导到引导的职能转变，为高技术产业发展提供强大推力；在高技术产业次发达地区，绝大部分产业处于成长阶段，但企业创新能力和区域整体发展水平落后于发达区域。在这些区域，政府要在主导与引导之间寻求平衡，兼顾调控与服务，处理好两个职能的关系②。改善投资环境，吸引更多资金流入，建立高质量创新平台，建设高水平创新项目，增加区域创新粘性，吸引高层次人才和技术加入，不断增强企业核心竞争力，提高区域创新效率；在高技术产业发展落后地区，产业处于起步阶段。在这些区域，政府要直接干预、进行宏观调控。政府根据区域资源特点和优势，制定产业发展规划，确定优先发展产业，增加财政资金投入，出台配套鼓励政策，加大支持和保障力度，吸引更多高技术企业进驻，持续扩大产业规模，增强区域核心竞争力，推动区域高技术产业进入更高发展阶段③。

8.2.4 改进对研发人员的激励模式

高技术产业的生命力在于创新，研发人员是创新的源泉，企业和政府都日益重视对高水平研发人员的引进。但是，目前多是用高薪吸引研发人员，这种引进方式容易造成企业间的恶性竞争，研发人员作为稀缺的人力资源，企业如果只靠高薪吸引研发人员，其他企

---

① Hippel E V. The Sources of Innovation [M]. New York: Oxford University Press, 1988: 27-31.
② Lu F, Feng K. The Policy Choice to Develop Our State's Automobile Industry with Independent Intellectual Property Rights [M]. Beijing: Peking University Press, 2005: 61-73.
③ Oing M, Keun L. Knowledge Diffusion, Market Segmentation and Technological Catch-up: The Case of the Telecommunication Industry in China [J]. Research Policy, 2005, 34 (6): 759-783.

业就会用更高的薪酬对其进行挖角,研发人员流失的可能性极大,导致企业不良竞争,为了留住人才就要不停加薪,造成企业资金压力增大,而且目前企业对研发人员的绩效管理并不完善,激励效果并不明显。再者,多数高技术企业并没有针对研发人员制定具体的职业发展规划,刚入职的研发人员多被安排从事基础性研发工作,技术成熟后却被安排到与研发相关的管理岗位,职务虽然晋升,专业特长却无法发挥,阻碍企业创新能力积累,导致企业创新效率下降。最后,大部分高技术企业没有专门针对研发人员的激励政策,所有员工使用一套激励机制,没有充分考虑研发工作的特殊性,激励机制没有起到应有的作用,研发人员产生被忽视感[1]。因此,解决研发人员创新动力不足,需要从以下几个方面着手:

1. 薪酬模式的改进

通过研究赫兹伯格双因素理论和马斯洛需求层次理论,我们知道在理论上薪酬对研发人员不具激励效应。然而在现实中,薪酬对研发人员的激励效果明显,原因是:第一,我国是发展中国家,物质需求仍然是人们的主要需求,同时,虽然国家已经认识到科技的重要性,但科技人员的薪酬并没有大幅提升,他们还不是富裕者。第二,市场经济条件下,个人财富成为衡量个人能力的标准,高薪酬福利也是研发人员自我价值的实现。所以,现阶段改进薪酬模式是激励研发人员的有效手段,针对高技术企业研发工作特点,采用宽带薪酬管理模式是比较适宜的。

宽带薪酬是相对传统薪酬结构而言的,特点是薪酬等级较少而变动范围较宽。合作是高技术企业研发的重要特征,随着高技术产业的深入发展,单靠个人能力进行项目开发是不可能的,一般都是团队研发,一般由企业内部研发人员组成团队,也有跨企业、跨区域甚至全球联合团队研发,合作与信任是研发成功的关键。传统薪酬结构中等级众多,在研发团队中容易产生矛盾,不利于合作关系的建立,但是宽带薪酬模式的优点是等级少,可以弱化研发团队薪酬等级,建立平等关系,更有利于合作的开展。此外,传统薪酬模式中等级不高的研发人员不愿意分享自己的技术优势,而是作为提高等级的砝码,与企业讨价还价,技术交流存在障碍,很难合作研发。宽带薪酬因为弱化了等级差距,更多的是能力的比较,技术交流再无障碍,合作关系顺利建立,提高了创新效率。

宽带薪酬模式重点考核员工的能力,将能力与绩效挂钩,激励方式更加灵活,激励效果更为明显。一是在职务不晋升情况下,上级依然可以决定大幅度提升下级的薪酬,影响力更强;二是能力决定薪酬,跨职能岗位流动更加容易;三是弱化薪酬等级,减少了等级差别,个人能力是薪酬增长的决定因素,利于提升企业整体绩效,提高企业核心竞争力。

2. 非货币薪酬激励策略

(1)改善企业的福利制度。高技术企业研发人员是企业高层次人才,具有独立个性,由于研发工作的特殊性,个人需求差异也很大,实施弹性福利计划更适合,研发人员可以根据自身实际需求,自由选择福利计划类型和数量。弹性福利计划不同,其具体内容也不

---

[1] 马冬冬.EQ高技术公司研发员工激励研究[D].南京师范大学,2013.

同。比如在休假方面，员工可以选择放弃休假以获得货币补偿的福利计划，也可以选择用薪酬换取休息时间的福利计划。

（2）完善人才培养体制。研发人员作为高技术企业创新的主体，是企业创新能力持续增强的基础，建立一支高水平研发队伍，可以提升企业创新效率，推动企业发展壮大。因此，应把研发人员的培养作为企业人力资源管理的首要任务，企业应建立完善的研发人员培养机制，制订针对性强的培养计划，结合绩效管理、职位晋升，设置一系列培训项目，帮助研发人员根据自身职业倾向制定适合自己的职业规划。

3. 其他激励措施

（1）激发责任感，鼓励研发人员参与管理。研发是独立性较强的工作，企业管理者应尽量为研发人员创造自主决策空间，放宽监督与管理，激发研发人员责任感，鼓励他们积极参与企业研发管理工作。企业管理者应与研发人员共同制订研发目标，并建立信息反馈机制，不断发现问题及时改进，更好实现研发人员的自我约束和管理。

（2）优化工作环境，体现研发人员主人翁地位。良好的工作环境可以提高研发人员的工作效率，它不仅包括科研设备、网络设施等硬环境，也包括知识、信息等资源交流、沟通的软环境。高技术企业应满足研发工作的硬件需要并建立现代化信息技术平台，增进研发人员在技术、知识等方面的共享，体现研发人员的主人翁地位，不仅可以提高研发效率，还可以增强研发人员的参与感。同时将工作环境优化与工作目标和绩效考核相结合，将产生更为明显的激励效果。

（3）建立多元企业文化，提高研发人员创新积极性。一个多元的、特色鲜明的企业文化可以增强高技术企业研发人员的归属感，更容易被具有不同文化背景的研发人员所接受和遵循，加速形成创新合力，提高企业核心竞争力。为了有效激发研发人员创造力，高技术企业在建立企业文化时应立足自身特色，重点建设以下内容：尊重技术和知识，重视学习交流；完善容错机制，鼓励创新实践；尊重个人，评价客观；特别是要融合多种文化模式。高技术企业应在充分了解自身发展背景和营销特点的基础上，构建个性鲜明、独具特色的多元企业文化，只有这样才能让不同文化背景的研发人员，既保留创新思维个性又能形成创新合力，增强团队凝聚力，把个人行为统一于企业发展方向上，凝聚成企业发展强大推力。

8.2.5 加强对高技术产业自主创新的金融支持

当前，我国高技术产业蓬勃发展，自主创新能力日益增强，但整体水平与世界先进水平仍有较大差距，自主创新资金投入不足问题依然突出：中小企业规模小，融资渠道少，研发创新资金普遍不足；中西部和东北地区缺乏增长极，发展相对滞后，研发成果转化率不高，研发资金缺乏。加大金融扶持力度是推进高技术产业自主创新的有效途径。完善的金融服务可以为中小企业众多的高技术产业自主创新提供充足的资金，保障其生产经营良性运转。加大对自主创新的金融支持，需要做好以下方面。

1. 发展新三板市场，完善多层次资本市场体系一直以来，间接融资是高技术产业融资的主要方式，缺乏直接资金来源。资本市场的建立，提供了直接融资渠道，用市场配置资金，在一定程度上缓解了自主创新资金不足的问题，新三板市场的建立，丰富了融资模式，加大了金融扶持力度，但自主创新资金不足问题并没有被彻底解决，还应进一步完善多层次资本市场体系建设，有效解决高技术产业融资问题，为高技术产业发展保驾护航。

2. 创新金融扶持策略，提升高技术产业自主创新能力，促进区域协调发展

高技术企业在生命周期的不同阶段资金需求不同，政府应把握产业发展规律，创新层次融资模式。在企业发展初期，研发投入高，成果转化风险大，前景不明朗，银行融资难度大。政府应加强政策引导，给予信贷、担保等方面政策支持和鼓励，并对给予这些企业融资的金融机构进行差异化管理。同时，发挥政府资金扶持的示范效应，适时引导金融机构进入，发挥政策性金融引领作用，充分利用商业性融资以及国内外投资，拓宽融资渠道。针对我国高技术产业发展不均衡现状，实施金融支持区域化战略。对自主创新能力较强的东部地区高技术产业，按照项目的发展前景和重要性，进行重点支持，发挥产业引领作用；对于高技术产业发展相对滞后的中西部和东北地区，加大扶持资金投入，实施普惠性政策支持，推进自主创新机制形成，加速产业集群发展，形成良性循环机制。

3. 深化金融改革，加大资金扶持力度

金融深化是通过对金融管制的放松，对金融资源进行市场化配置，实现金融与经济运行的良性互动。因此，继续进行金融深化，强化市场机制作用，能够有效破解我国高技术产业自主创新的资金困境。搭建金融服务信息平台，促进金融机构和企业之间的沟通合作，既可以增加金融机构投资机会又可以利用债券、股权等形式分散企业自主创新风险，营造良好的融资环境，打通高技术产业融资渠道。

8.3 本章小结

本章主要是针对前面几章的实证分析和规范研究提出具有可行性的提升我国区域高技术产业创新效率、缩小地区间空间差异的建议和对策。

提出提升我国区域高技术产业创新效率的基本思路。首先是明确我国区域高技术产业创新效率提升的基本原则：把赶超引领作为出发点；把服务人民作为根本目的；把深化改革作为动力源泉；把人才聚集作为本质要求；把世界眼光作为重要导向。在把握原则的基础之上，理清提升的基本思路：构建提升我国区域高技术产业创新效率的对策。要把区域创新环境对创新效率的提升作用放在首位；要加强对研发人员的激励；要体现出创新型国家建设的全局性要求，将国家战略目标与区域发展、产业优化相结合；要准确把握世界高技术发展态势，提高自主创新整体能力；要强化企业创新主体地位，突出政府服务职能，以市场为主要手段，提高资源配置效率，形成各种创新要素密切联系、相互作用、深度融

合的社会系统；要打破行政区划限制。

在遵循基本思路的基础上构建提升我国区域高技术产业创新效率的对策和建议：利用集群效应提升高技术产业的竞争实力；重视良好的区域创新环境的培育；摆正政府在创新中的作用；改进对研发人员的激励；加强对高技术产业自主创新的金融支持。

第 9 章　结论与展望

目前,高技术产业发展势头正旺,已经成为支撑当今社会不断前进的主导产业。对推动地区经济发展,保持创新的凝聚力,发挥着重要的作用。同时,高技术产业的发展对于一国的竞争力以及在经济格局中所处的位置同样具有非常重要的作用。近几年,虽然我国经济发展迅速,不断追赶发达国家,在高技术产业发展方面也取得了很多喜人的成果,但是,由于历史原因、地理区位以及创新环境氛围的不同,造成了区域高技术产业创新发展呈现不均衡的状态,相应地,区域高技术产业创新效率空间差异的问题也突显出来。所以,本书以高技术产业为研究对象,对其创新活动的效率进行区域评价与空间差异比较,旨在提升我国高技术产业的创新效率,进而为缩小创新活动的地区差异提供可行性的参考建议。

9.1　结　论

(1) 近年来,我国各级政府管理人员以及企业主充分意识到了技术创新活动对于当地经济发展所起到的引领作用,因此在高技术产业创新方面的投入总量和强度逐年提高,创新效果较为显著。但是,我国区域高技术产业创新效率较低,本书运用数据包络分析法(DEA)对 2006—2015 年我国高技术产业创新效率进行评价。评价结果显示:参与评价的 30 个省份中,大部分省市的高技术产业未达到技术效率有效。从地域上来看,中、西部地区高技术产业创新效率的水平比较接近,相差不大,但是东部与中、西部地区差异较大。2008 年的金融危机也波及了高技术产业,使得其纯技术创新效率和规模效率都有所下降,进而导致其综合创新效率持续走低。另外,从具体的表现来看,中、西部地区发展比较落后,其高技术产业的综合创新效率并不突出,并且同时低于纯技术效率和规模效率。这一现象表明,中、西部地区综合创新效率偏低的主要原因是由于管理水平低下、资源配置不当及规模无效造成的。长期以来,中、西部地区管理观念相对落后,政策制度均不完善,信息化水平低,20 世纪 50—60 年代建设的大型国有企业较多,这些企业经过多年的发展,规模逐渐扩大,组织层级逐渐增多,但是内部的管理制度却越来越不规范,因而造成了纯技术创新效率和规模效率较低的局面,进而导致综合创新效率不高的状况。东部地区高技术产业纯技术效率在观测年份内基本上能够实现 DEA 有效,由此,可以了解到,综合创新效率不高的主要原因在于规模无效。产生这种现状的主要原因和中、西部地区略有不同：东部地区占据地理优势，交通便利，自古以来就是经济较为发达的地区，创新的思想和知识容易产生和流动，在高技术产业中，大型企业比较少见，以中小型企业居多，结构松散、层级较少，甚至有的企业崇尚个人英雄主义，容易依靠企业主的经验进行管理，因而也容易造成规模无效的状况。

（2）高技术产业创新活动不仅表现出时间维度上的联系与差异，在空间维度上也表现出某种程度的相关与差异。在现实世界中，空间总是非均质的，空间集聚、产业集群对区域经济的发展越来越重要。因此，本书从空间关联的维度考虑我国高技术产业创新效率的差异化问题，并阐述其作用于创新效率的具体影响机理。也正是因为考虑到不同区域的空间因素对本区域及周边区域所产生的影响和作用，才使我们注意到各个省份高技术产业创新效率的投入产出指标所发生的一系列变化和特征。本书对我国高技术产业创新效率的空间差异进行全面多维地分析，填补了以往研究中忽略空间关联因素的空白。

（3）我国东部地区与中、西部地区高技术产业创新效率在空间上存在着较大差异。从创新效率的衡量指标来看，不管是投入指标还是产出指标，在观测时间内均存在不均衡现象。中、西部地区之间创新效率的投入、产出指标的空间差异较小。但是，东部地区与中、西部地区空间差异显著。

从 ArcGIS 中的全局空间趋势分析，可以明显地观测到：我国高技术产业创新效率的投入、产出指标从东到西、从南到北呈现出"梯度递减"的状态。在东西方向上，东部地区无论是投入指标还是产出指标，指标数值都比较高，说明东部地区注重对高技术产业创新活动的支持，在大力投入的情况下，相应的创新产出也较高，基本上形成了良性的发展态势。今后努力的方向是在减少投入的情况下反而能够产生更大的产出，这将需要更多的智力资本的注入。相对于东部地区，中、西部地区高技术产业创新投入较少，相应的产出也不高，创新活动疲软。在南北方向上，南方分布着较早开发的珠江三角洲省份和近些年大力发展的长江三角洲省份，国家对这些地区创新活动的政策上的支持力度也比较大，因而高技术产业的创新投入、产出指标值都较高，北方地区尤其是东北三省重工业在产业结构中比例较高，高技术产业所占比例偏低，大型国有企业的管理人员创新意识淡薄、不愿意承担过多的经营风险，所以在高技术产业创新效率的投入和产出指标值上和南方地区差异较大。因此，通过 ArcGIS 中的全局空间趋势分析清晰地展现了创新效率的东西差异和南北差异。

从泰尔指数的计算结果了解得更为详细：西部地区内部各个省份之间高技术产业创新效率的空间差异较大，创新效率不容乐观。三大地带之间创新发展也不均衡，尤其是东部与中、西部地区空间差异明显，差异有不断扩大的趋势，同 ArcGIS 中的全局空间趋势分析的结果一致。

从全局空间自相关和局部空间自相关的分析结果来看，2015 年我国省域高技术产业创新效率的投入、产出指标的空间分布呈正相关分布。即各类指标在空间上表现出观测值高或观测值低的区域倾向于聚集在一起，但是集聚的状态并不是十分显著。这同时说明了省域总体空间差异在逐渐缩小，但缩小的速度较为缓慢。不过，观测值空间差异的缩小并不能得出我国区域高技术产业创新水平高，创新活动频繁，创新能力强的结论，它恰恰是我国区域高技术产业创新活动空间分异的反映。因为创新核心地区及周边边缘省区内部差异虽不断缩小，但核心地区、边远地区之间差异却在不断增大。

（4）根据对我国区域高技术产业创新效率空间差异的实证分析，我们了解到这些差异分析是建立在创新投入和创新产出的衡量指标上的，展现了我国区域间高技术产业创新效率空间差异的结果。本书的观点是：任何一个国家、区域发展之间的差异是由多种因素造成的，当然，引发我国区域高技术产业创新效率空间差异的影响因素也是多样化的。而且，随着社会的发展，起到重要影响的因素会随着时间的发展而发生变化。正如前面分析的，学者们曾经更加强调区位优势是造成我国区域高技术产业创新效率空间差异的主要原因，现在我们看到的是创新集聚形成过程中创新主体产生的集体效率以及创新行为的协同作用才是造成创新效率空间差异的主导因素。学界将这一主导因素称之为"区域创新环境"，它并不是指支持创新活动产生的硬件设施或条件，而是强调创新集聚形成过程中地域的人文社会历史因素对集聚的形成和发展的重大影响作用。本书认为，今后在提升高技术产业创新效率方面要注重对区域创新环境的培育。

9.2　研究展望

最近十几年来，国内有关学者对区域高技术产业创新效率的评价和差异化问题的研究兴趣浓厚、研究视角多样、研究成果丰硕。在构思本书框架结构前，笔者大量阅读并梳理了相关文献和研究成果，发现现有的研究还存在着一些普遍性的问题：例如，研究方法单一，以数据处理过程简单为原则；研究内容雷同，对于某些概念性问题的界定缺乏自己的立场和见解；研究结论散杂，较少进行系统性的整合等。本书从现实问题入手，力求对我国高技术产业区域创新效率的空间差异问题进行系统分析和探究，主要对区域高技术产业创新现状、创新机理、不同区域创新效率的评价及空间差异等问题有了充分的了解，并最终完成了本书的撰写。但是，由于笔者研究能力有限、个别资料还不完备，使有些问题的研究不够深入。未来，期望能关注以下几方面的研究：

（1）有效的区域高技术创新系统的形成问题。有效的区域高技术创新系统的核心要素、内在机理、外在因素支持，以及产业集聚的原因和作用等问题在本书中都有所涉及，不可否认的是研究深度、广度还需加强。今后的研究应该多多借鉴和融合相关学科理论，例如：人力资本理论、创新网络理论、发展经济学理论、社会系统理论、空间计量及空间统计学等理论继续深化研究。

（2）高技术产业创新相关问题的案例分析与研究。本书以区域高技术产业为研究对象，对其创新效率进行了评价、比较了我国不同省区创新效率的空间差异，并尝试性地探寻了引起空间差异产生的非物化形式的因素。严格按照"现状—问题—原因"的研究逻辑分析了我国区域高技术产业创新效率的空间差异问题，但是没有更多的时间去做一些案例研究进行内容的丰富和补充。目前，无论是自然学科还是社会学科，现有的研究更多倾向于实证分析，似乎"只有模型化的思想才能得到垂青"。不过，案例研究是一种非常好的研究方法，未来的研究应该在扎实的学科理论基础上融合一些国内外成功的区域高技术产业创新活动案例，进行模仿和创新，从政府政策、产业结构调整、创新人才的吸引、创新环境的营造等方面汲取一些经验，力图实现对此问题全面系统的研究。

（3）"区域创新环境"的相关问题。笔者从个人的研究视角出发，已深刻意识到"区域创新环境"的营造与否以及质量的好坏对于当地高技术产业创新效率提高具有重要的、积极的推动作用。本书中强调的"区域创新环境"符合国外学者和大多数国内学者的意见和看法，认为它更多指的是"形而上"的一些非物化的因素，例如意识、氛围等，在现有的研究条件下，很难将这些因素模型化，进行实证分析。本书也只是从理论分析了它对于区域高技术产业创新效率空间差异的影响和作用，未来期望能深化对"区域创新环境"作用机理的实证研究。

参考文献

[1] Sun Yiei. China's National Innovation System in Transition [J]. Eurasian Geography and Economics, 2002, 43 (6): 476-492.

[2] Shulin Gu, Lundvall, Bengt-Ake. China's Innovation System and the Move Towards Harmonious Growth and Endogenous Innovation [J]. Innovation: Management, Policy & Practice, 2006 (8): 1-26.

[3] 王利政. 我国高技术产业发展的现状与建议[J]. 科学管理研究, 2011, 29 (5): 70-77.

[4] Haining R. Spatial Data Analysis in the Social and Environmental Sciences [M]. London: Cambridge University Press, 1997: 62-68.

[5] （美）康芒斯. 制度经济学（上册）[M]. 北京: 商务印书馆, 1997: 86, 326, 417.

[6] 厉以宁. 经济学的伦理问题[M]. 北京: 三联书店, 1995: 22.

[7] 樊纲. 市场机制与经济效率[M]. 上海: 上海人民出版社, 1995: 52-70.

[8] Farrell M J. The Measurement of Productive Efficiency [J]. Journal of the Royal statistical Society, 1957, 120 (3): 253-281.

[9] Cooke P. Regional Innovation Systems: Competitive Regulation in New Europe [J]. Geoforum, 1992, 23 (3): 365-382.

[10] Asheim B T, Isaksen A. Regional Innovation Systems: The Integration of Local 'Sticky' and Global 'Ubiquitous' Knowledge [J]. Journal of Technology Transfer, 2002, 27 (1): 77-86.

[11] Liu X, White S. Comparing Innovation Systems: A Framework and Application to China's Transitional Context [J]. Research Policy, 2001 (30): 1091-1114.

[12] Cooke P, Morgan k. The Network Paradigm: New Departures in Corporate and Reginal Development [J]. Enviroment & Planning D, 1991, 11 (5): 543-564.

[13] Morgan k. The Learnling Region: Institutions, Institutions, Innovation and Regional Renewal Regional studies, 1997 (5): 491-503.

[14] Cook P, Uranga M G, Etxebarria G. Reginal Systems of Innovation: An Evolutionary Perspective [J]. Environment & Planning A, 1998, 30 (9): 1563-1584.

[15] sheim R T, Smith H L, Oughton C. Regional Innovation Systems: Theory, Empirics

and Policy [J]. Regional Studies, 2011, 45 (7): 875 – 891.

[16] Isaksen A, Kalsaas B T. Suppliers and Strategies for Upgrading in Global Production Networks: The Case of a Supplier to the Global Automotive Industry in a High – cost Location [J]. European Planning Studies, 2009, 17 (4): 569 – 585.

[17] 黄鲁成. 关于区域创新系统研究内容的探讨[J]. 科研管理, 2000, 21 (2): 43 – 48.

[18] 胡志坚, 苏靖. 关于区域创新系统研究 [N]. 科技日报, 1999 – 1 – 16 (7).

[19] 傅利平, 王向华, 王明海. 区域创新系统研究综述[J]. 生态与农村环境学报, 2011, 27 (6): 8 – 13.

[20] 胡志坚, 国家创新系统——理论分析与国际比较[M]. 北京: 北京社会科学文献出版社, 2000: 35 – 38.

[21] Perelman S. R&D, Technological Progress and Efficiency Change in Industrial Activities [J]. Review of Income and Wealth, 1995, 41 (3): 349 – 366.

[22] Fare R, Grosskop S. Efficiency and Productivity in Rich and Poor Countries [c]. Ann Arbor: University of Michgan Press, 1997: 243 – 263.

[23] Koop G, Osiewalski J, Steelm F. The Components of Output Growth: A Stochastic Frontier Analysis [J]. Oxford Bulletin of Economics and Stats, 2000, 61 (4): 455 – 487.

[24] Kim S, Han C. A Decomposition of Total Factor Productivity Growth in Korean Manufacturing Industries: A Stochastic Frontier Approach [J]. Journal of Productivity Analysis, 2001 (16): 269 – 281.

[25] Nasierowski W, Arcelus F J. On the Efficiency of National Innovation Systems [J]. Socio – Economic Planning Sciences, 2003, 37 (3): 215 – 234.

[26] Sharma S, Thomas V J. Inter – Country R&D Efficiency Analysis: An Application of Data Envelopment Analysis [J]. Entometrics, 2008, 76 (3): 483 – 501.

[27] Cullmann A, Schmidt E, Zloczysti P. R&D Efficiency and Barriers to Entry: A Two Stage Semi – Parametric DEA Approach [C]. Oxford Economic Papers, 2012, 64 (1): 176 – 196.

[28] 周勇. 我国区域技术创新效率的实证研究 [D]. 重庆: 重庆大学, 2006.

[29] 张宗益. 基于SFA模型的我国区域技术创新效率的实证研究[J]. 软科学, 2006, 20 (2): 125 – 128.

[30] 李习保. 区域创新环境对创新活动效率影响的实证研究[J]. 数量经济技术经济研究, 2007, 24 (8): 13 – 24.

[31] 唐德祥, 李京文, 孟卫东. R&D对技术效率影响的区域差异及其路径依赖——基于我国东中西部地区面板数据随机前沿方法（SFA）的经验分析[J]. 科研管理, 2008, 29 (2): 115 – 122.

[32] 官建成, 陈凯华. 我国高技术产业技术创新效率的测度[J]. 数量经济技术经济研

究，2009（10）：19－33.

[33] 余泳泽. 我国高技术产业技术创新效率及其影响因素研究——基于价值链视角下的两阶段分析[J]. 经济科学，2009（4）：62－74.

[34] 张清辉，王建品. 基于 DEA 的中国高技术产业自主创新效率评价[J]. 科技管理研究，2011，31（10）：9－13.

[35] 王伟. 基于改进 DEA 的中国高技术产业技术创新效率研究[J]. 科技进步与对策，2011，28（17）：119－124.

[36] 赵琳，范德成. 我国高技术产业技术创新效率的测度及动态演化分析——基于因子分析定权法的分析[J]. 科技进步与对策，2011，28（11）：111－115.

[37] 肖仁桥，钱丽，陈忠卫. 中国高技术产业创新效率及其影响因素研究[J]. 管理科学，2012，25（5）：85－98.

[38] 钱丽，陈忠卫，肖仁桥. 安徽省高技术产业创新效率研究——基于两阶段价值链的视角[J]. 技术经济，2012，31（8）：50－58.

[39] 尹伟华. 中国区域高技术产业技术创新效率评价研究——基于客观加权的网络 SBM 模型[J]. 统计与信息论坛，2012，27（8）：99－106.

[40] 张经强. 北京高技术产业技术创新效率评价——基于 2001—2009 年的经验分析[J]. 科技管理研究，2012（20）：67－71.

[41] 戚宏亮，王翔宇. 黑龙江高技术产业技术创新效率评价[J]. 科技管理研究，2013，33（3）：51－54.

[42] 桂黄宝. 我国高技术产业创新效率及其影响因素空间计量分析[J]. 经济地理，2014，34（6）：100－107.

[43] 冯志军，陈伟. 中国高技术产业研发创新效率研究——基于资源约束型两阶段 DEA 模型的新视角[J]. 系统工程理论与实践，2014（5）：1202－1212.

[44] 董艳梅，朱英明. 中国高技术产业创新效率评价——基于两阶段动态网络 DEA 模型[J]. 科技进步与对策，2015，32（24）：106－113.

[45] 代明，刘可新，陈俊. 中国高技术产业研发创新效率研究[J]. 中国科技论坛，2016（1）：5－10.

[46] 张治河，赵刚，孙丽杰等. 全球化背景下 R&D 调查的标准——《弗拉斯卡蒂手册》（第六版）述评[J]. 中国软科学，2007（11）：157－160.

[47] 郑坚，丁云龙. 高技术产业技术创新效率评价指标体系的构建[J]. 哈尔滨工业大学学报（社会科学版），2007，9（6）：105－108.

[48] Grilrches Z. Patent Statistics as Economic Indicators: A Survey [J]. Journal of Economic Literature, 1990, 28 (4): 1661－1707.

[49] Arundel A. What Percentage of Innovations is Patented ? Empirical Empirical Estimates for European Firms [J]. Research Policy, 1998, 27 (2): 127－141.

[50] Arundel A. The Relative Effectiveness of Patents and Secrecy for Appropriation [J]. Re-

search Policy, 2002, 31 (6): 899-933.

[51] Jeffrey L F, Michael E P, Scott S. The Determinants of National Innovative Capacity [J]. Research Policy, 2002, 31 (6): 899-933.

[52] Zoltan J A, Luc A, Attila V. Patents and Innovation Counts as Measures of Regional Production of New Knowledge [J]. Research Policy, 2002, 31 (7): 1069-1085.

[53] Fried H O, lovell C K, Schmidt S S, et al. Accounting for Environmental Effects and Statistical Noise in Data Envelopment Analysis [J]. Journal of Productivity Analysis, 2002, 17 (1): 157-174.

[54] 王家庭, 张容. 基于三阶段 DEA 模型的中国 31 省市文化产业效率研究[J]. 中国软科学, 2009 (9): 74-83.

[55] 钟祖昌. 基于三阶段 DEA 模型的中国物流产业技术效率研究[J]. 财经研究, 2010 (9): 80-90.

[56] 郭军华, 倪明, 李邦义. 基于三阶段 DEA 模型的农业生产效率研究[J]. 数量经济技术经济研究, 2010 (12): 27-18.

[57] 李琳. 基于三阶段 DEA 模型的中国信息产业效率实证研究[J]. 统计与决策, 2011 (16): 84-86.

[58] Bradley J, Morgenroth E, Untiedt G. Macro-Regional Evaluation of the Structural Funds Using the HERMIN Modeling Framework [C]. ERSE conference papers, 2003, 3 (3): 1-28.

[59] Varga A. Schalk H. Konowledge Spillovers, Agglomeration and Macroeconomic Growth: An Empirical Approach [J]. Regional Studies, 2004, 38 (8): 977-989.

[60] Graeve F D, Kick T, Koetter M. Monetary Policy and Financial (in) Stability: An Integrated Micro-Macro Approach [J]. Journal of Financial Stability, 2008, 4 (3): 205-231.

[61] 高志刚. 我国区域经济发展及区域经济差异研究述评[J]. 当代财经, 2002 (5): 7-9.

[62] 曲婉, 康小明. 高技术产业创新效率区域差异研究[J]. 中国科技论坛, 2012 (8): 70-74.

[63] 李向东, 李南, 季庆庆. 中国高技术产业创新效率区域差异变动趋势[J]. 南京理工大学学报 (自然科学版), 2014 (4): 566-574.

[64] 刘伟, 李星星. 中国高技术产业技术创新效率的区域差异分析——基于三阶段 DEA 模型与 Bootstrap 方法[J]. 财经问题研究, 2013 (8): 20-28.

[65] 胡振华, 杨琼. 中国高技术产业创新效率研究[J]. 科学管理研究, 2015 (2): 32-35.

[66] 黄鹏. 我国高技术产业技术创新效率的差异性分析[J]. 重庆: 重庆大学, 2014.

[67] 曹晓禹. 高技术产业创新效率的区域差异分析[J]. 科技和产业, 2012, 12 (8):

43-47.

[68] 戴维 W S 黄,杰 李. ArcView GIS 与 ArcGIS 地理信息统计分析[M]. 北京:中国财政经济出版社,2008:1-6.

[69] 成力为,孙玮. 市场化程度对自主创新配置效率的影响——基于 Cost-Malmquist 指数的高技术产业行业面板数据分析[J]. 中国软科学,2012(5):128-137.

[70] 戴万亮,杨皎平,敖丽红. 创新政策对高技术产业 R&D 活动效率的影响——基于 AHP 和 SE-DEA 模型[J]. 中央财经大学学报,2013,1(10):70-74.

[71] 杨青峰. 高技术产业地区研发创新效率的决定因素——基于随机前沿模型的实证分析[J]. 管理评论,2013,25(6):47-58.

[72] 李海东,马威. 投入端视角下高技术产业技术创新效率影响因素研究[J]. 科技管理研究,2014,38(10):126-130.

[73] 范允奇,周方召. 我国高技术产业创新效率影响因素及区域联动效应研究[J]. 科技管理研究,2014(21):1-4.

[74] 彭峰,李燕萍. 本土技术转移对高技术产业创新效率的影响[J]. 科技进步与对策,2015,32(23):125-128.

[75] 李向东,李南,刘东皇. 高技术产业创新效率影响因素分析[J]. 统计与决策,2015(6):109-113.

[76] 宇文晶,马丽华,李海霞. 基于两阶段串联 DEA 的区域高技术产业创新效率及影响因素研究[J],研究与发展管理,2016,27(3):137-146.

[77] Meeus M, Oerlemans L, et al. Reginal Systems of Innovation from within. An Empirical Specification of the Relation between Technological Dynamics and Interaction between Multiple Actors in a Dutch Region [J]. Theoretical & Mathematical Physics, 2000 (13):1-24.

[78] Cooke P, Schienstock G. Structural Competitiveness and Learning Regions [J]. Enterprise & Innovation Management, 2000 (2):265-280.

[79] Doloreux D. What We Should Know about Reginal Systems of Innovation [J]. Technology in Society, 2002, 24 (3):243-263.

[80] 顾新. 区域创新系统的失灵与完善措施[J]. 四川大学学报(社会科学版),2001(1):137-141.

[81] 王缉慈. 创新的空间——企业集群与区域发展[M]. 北京:北京大学出版社,2001:18.

[82] Aslesen H W, Wood M. What Comprises a Regional Innovation System? An Empirical Study [J]. European Planning Studies, 1995 (7):3-28.

[83] Asheim B T, Isaksen A. Location, Agglomeration and Innovation:Towards Regional Innovation Systems in Norway? [J]. European Planning Studies, 1997, 5 (3):299-330.

[84] 复海钧. 中国高新区发展之路[M]. 北京：中信出版社，2001：50-56.

[85] 王国锋. 我国高技术产业发展现状、问题及其发展思路[J]. 中国科技论坛，2005（5）：8-11.

[86] 中国科学技术科学部《我国实现高技术产业化的若干问题》咨询组. 关于"发展我国高技术产业的若干问题"咨询报告（摘要）[R]. 中国科学院院刊，2002，17（3）：161-163.

[87] 胡艳，吴新国. 对高技术产业定义的理解[J]. 技术经济，2001（3）：23-25.

[88] Sandro M. Brave Old world：Accounting for 'High-Tech' Knowledge in 'Low-Tech' Industries [J]. Research Policy, 2009, 38 (3): 470-482.

[89] Eva k, Steffen K, Angela J. Innovation Paths and the Innovation Performance of Low-technology Firms - An Empirical Analysis of German Industry [J]. Research Policy, 2009, 38 (3): 447-458.

[90] Peneder M. Entrepreneurial Competition and Industrial Location [M]. Edward Elgar Publishing, 2001: 145-156.

[91] 孙玉涛，刘凤朝. R&D 经费"来源—执行"组织结构演变及专利产出效应——以美国为例[J]. 科学学研究，2012，30（8）：1174-1180.

[92] Pakes A, Griliches Z. Patents and R&D at the Firm Level：A First Report [J]. Economic Letters, 1980, 5 (4): 377-381.

[93] Meliciani V. The Relationship between R&D, Investment and Patents：A Panel Data Analysis [J]. Applied Economics, 2000, 32 (11): 1429-1437.

[94] Huang K F, et al. Absorptive Capacity and Autonomous R&D Climate Roles in Firm Innovation [J]. Journal of Business Research, 2015, 68 (1): 87-94.

[95] 高洪成，王琳. 高、中、低技术产业范围界定标准探析[J]. 科技进步与对策，2012，29（13）：46-48.

[96] 经济合作与发展组织. OECD 科学实验技术与工业概览 2002 [R]. 北京：科学技术文献出版社，2003：308.

[97] 国家统计局. 国家统计局关于印发高技术产业统计分类目录的通知 [S]. 国统字〔2002〕33 号.

[98] 周国富，李妍，李璞璞. 如何恰当地界定中国高技术制造业的统计范围[J]. 统计与信息论坛，2016（31）：43-48.

[99] Archibugi D. Patenting as an Indicator of Technological Innovation：A Review [J]. Science and Public Policy, 1992, 19 (6): 357-368.

[100] Arundel A. The Relatative Effectiveness of Patents and Secrey for Appropriation [J]. Research Policy, 2001 (30): 611-624.

[101] Zoltan J A, Anselin l, Varga A. Patents and Innovation Counts as Measures of Regional Production of New Knowledge [J]. Research Policy, 2002 (31): 106-128.

[102] Acs Z J, Luc A, Attila V. Patents and Innovation Counts as Measures of Regional Production of New Knowledge [J]. Research Policy, 2002, 31 (7): 1069 – 1085.

[103] Abraham B P. Innovation Assessment through Patent Analysis [J]. Technovation, 2001 (4): 245 – 252.

[104] Furman J L, PORTER M E, Scott S. The Oeterminants of National Innovative Capacity [J]. Desearch Policy, 2002 (31): 899 – 933.

[105] Solow R M. Technical Change and the Aggregate Production Function [J]. The Review of Economics and Statistics, 1957, 11 (8): 56 – 63.

[106] Griliches Z. Patent Statistics as Economic Indicators: Asurvey [J]. Journal of Economic Literature, 1990, 28 (4): 1661 – 1707.

[107] 魏权龄. 评价相对有效性的 DEA 方法[M]. 北京: 中国人民大学出版社, 1998: 34 – 65.

[108] Charnes A, Cooper W W, Rhodes E. Measuring the Efficiency of Decision Making Units [J]. European Journal of Operational Research, 1978, 2 (6): 429 – 444.

[109] Banker R D, Charnes A, Cooper W W. Some Models for Estimating Technical and Scale Inefficencies in Data Envelopment Analysis [J]. Mangement Science, 1990, 30 (9): 1078 – 1092.

[110] 段永瑞. 数据包络分析: 理论和应用[M]. 上海: 科学普及出版社, 2006: 22 – 25.

[111] 魏洁云, 江可申, 李雪冬. 我国高技术产业研发效率分析[J]. 科技进步与对策, 2012, 29 (24): 96 – 99.

[112] 潘雄峰, 刘凤朝. 中国区域工业企业技术创新效率变动及其收敛性研究[J]. 管理评论, 2010, 22 (2): 59 – 64.

[113] 白俊红, 李婧. 政府 R&D 资助与企业技术创新——基于效率视角的实证分析 [J]. 金融研究, 2011, 372 (6): 181 – 193.

[114] 陈修德, 梁彤缨. 中国高新技术企业研发效率及其影响因素——基于面板数据 SFPF 模型的实证研究[J]. 科学学研究, 2010, 28 (8): 1198 – 1205.

[115] 高建, 柳卸林. 中国高技术创新能力的地区特征[J]. 中国科技论坛, 1994 (1): 42 – 45.

[116] 李萍萍. 西部高新技术企业研发效率研究 [D]. 呼和浩特: 内蒙古大学, 2010.

[117] 池仁勇, 虞晓芬, 李正卫. 我国东西部地区技术创新效率差异及其原因分析[J]. 中国软科学, 2004 (8): 128 – 131.

[118] 陈斐, 杜道生. 空间统计分析与 GIS 在区域经济分析中的应用[J]. 武汉大学学报 (信息科学版), 2002, 27 (4): 391 – 396.

[119] Getis A, Ord J K. The Analysis of Spatial Association by Use of Distance Statistics [J]. Geographical Analysis, 1992, 24 (3): 189 – 206.

[120] Ying L G. China's Changing Regional Disparities during the Reform Period [J]. Economic Geography, 1999, 75 (1): 59 – 70.

[121] Gallo J L. Exploratory Spatial Data Analysis of the Distribution of Regional per Capita GDP in Europe, 1980 – 1995 [J]. Reginal Sciene, 2003, 82 (2): 175 – 201.

[122] 汤国安, 杨昕. ArcGIS 地理信息系统空间分析实验教程 [M]. 北京: 科学出版社, 2006: 384, 385.

[123] 王贤文. 区域科技空间计量 [M]. 大连: 大连理工大学出版社, 2012: 58.

[124] Anselin L. Spatial Econometrics: Methods and Models [M]. Dordrecht: Springer Netherland, 1988: 103 – 115.

[125] Fotheringham A S, Charlton M E, Brunsdon C F. Geographically Weighted Regression: The Analysis of Spatially Varying Relationships [M]. West Sussex: John Wiley Sons, 2002: 253 – 270.

[126] Brunsdon C, Fotheringham A S, Charlton M E. Geographically Weighted Regression: A Method for Exploring Spatial Nonstationarity [J]. Geographical Analysis, 1996, 28 (4): 281 – 298.

[127] Anselin L. Some Further Notes on Spatial Models and Regional Science [J]. Journal of Regional Science, 1986, 26 (4): 799 – 802.

[128] Haining R. Spatial Models and Regional Science: A Comment on Anselin's Paper and Research Directions [J]. Journal of Regional Science, 1986, 26 (4): 793 – 798.

[129] Anselin L. Local Indicators of Spatial Association – LISA [J]. Geographical Analysis, 1995, 27 (2): 93 – 115.

[130] 张明倩. 中国产业集聚现象统计模型及应用研究 [M]. 北京: 中国标准出版社, 2007: 50 – 65.

[131] 庄卫民, 龚仰军. 产业技术创新 [M]. 上海: 东方出版中心, 2005: 42 – 43.

[132] 李善同, 高春亮. 创新的产业和空间特征及其对中国实施创新驱动战略的启示 [N]. 中国经济时报, 2016 – 03 – 24.

[133] Camagni R. The Concept of Innovative Milieu and Its Relevance for Public Policies in European Lagging Regions [J]. Regional Science, 2005, 74 (4): 317 – 340.

[134] Buzard K, Carlino G A. The Geography of Research and Development Activity in the U. S. [J]. Working Papers, 2008 (3): 235 – 255.

[135] Capello R, Lenzi C. Spatial Heterogeneity in Knowledge, Innovation, and Economic Growth Nexus: Conceptual Reflections and Empirical Evidence [J]. Journal of Regional Science, 2013, 54 (2): 186 – 214.

[136] Maria A D. The Evaluation of Regional Innovation and Cluster Policies: Looking for New Approaches [J]. European Planning Studies, 2001, 9 (7): 907 – 923.

[137] 余泳泽, 武鹏. 我国高技术产业研发效率空间相关性及其影响因素分析——基于

省际面板数据的研究[J].产业经济评论:山东大学,2010,9(3):71-86.

[138] 孙玉涛,刘凤朝,徐茜.中国高技术产业空间分布效应演变实证研究[J].科研管理,2011,32(11):37-44.

[139] 李春燕.我国创新活动空间差异及其影响因素研究[D].天津:天津财经大学,2010.

[140] 史修松,赵曙东,吴福象.中国区域创新效率及其空间差异研究[J].数量经济技术经济研究,2009(3):4.

[141] 徐妍.产业集聚视角下中国高技术产业创新效率及其空间分异研究[D].天津:南开大学,2013.

[142] Kogut B, Zander U. Knowledge of the Firm, Combinative Capabilities, and the Replication of Technology [J]. Organization Science, 1992, 3 (3): 383-397.

[143] Malerbra F, Orsenigo L. Knowledge, Innovative Activities and Industrial Evolution [J]. Industrial and Corporate Change, 2000, 9 (2): 289-314.

[144] Storper M. The Regional World: Territorial Development in a Global Economy [M]. New York: Guildford Press, 1997: 86-101.

[145] Conway S, Fred S. Networks and Interfaces in Environmental Innovation: A Comparative Study in the Uk and Germany [J]. The Journal of High Technology Management Research, 1998, 9 (2): 239-253.

[146] 王缉慈.知识创新和区域创新环境[J].经济地理,1999,19(1):11-15.

[147] Josty P L. A Tentative Model of Innovation Process [J]. R&D Management, 1990, 20 (1): 35-45.

[148] Bramanti A, Senn L. Innovation, Firm and Milieu: A Dynamic and Cyclic Approach [R]. London: Belhaven Press, 1991: 89-104.

[149] Camagni R, Capello R. Urban Milieux: From Theory to Empirical Findings [M]. Berlin: Springer Netherlands, 2004: 249-274.

[150] Fromhold E. Innovative Milieu and Social Capital - Complementary or Redundant Concepts of Collaboration - based Regional Development? [J]. European Planning Studies, 2004, 12 (6): 747-765.

[151] Romijn H, Mike A. Innovation, Networking and Proximity: Lessons from Small High Technology Firms in the UK [J]. Regional Studies, 2002, 36 (1): 81-86.

[152] Camagni R. Local "Milieu", Uncertainty and Innovation Network: Twords a New Dynamic Theory of Economic Space [M]. London: Belhaven Press, 1991: 121-144.

[153] Lawson C. Territorial Clustering and High - Technology Innovation: From Industrial Districts to Innovative Milieux [R]. ERSC Working Paper, 1997.

[154] 贾亚男.关于区域创新环境的理论探讨[J].地域研究与开发,2001,20(1):5-8.

[155] 盖文启. 论区域经济发展与区域创新环境[J]. 学术研究, 2002（1）: 60 – 63.

[156] Michael S. The Regional World: Territorial Development in a Global Economy [M]. New York: The Guilford Press, 1997: 338.

[157] DeBresson C. Amesse F. Networks of Innovators: A Review and Introduction to the Issue [J]. Research Policy, 1991, 20（5）: 363 – 379.

[158] Saxenian A. Reginal Advantage: Culture Competition in Silicon Valley and Route 128 [M]. Boston: Harvard University Press, 1996: 128.

[159] Bramanti A, Maggioni M A. The Dynamics of Milieux: The Network Analysis Approach: The GREMI Approach [M]. The Dynamics of Innovative Regions, 1997: 321 – 341.

[160] Baptista R, Swann P. Do Firm in Clusters Innovation More? [J]. Research Policy, 1998, 27（5）: 525 – 540.

[161] 王郁蓉, 师萍. 创新环境对创新力和创新绩效的作用机制与对策研究[J]. 科学管理研究, 2015, 33（5）: 17 – 20.

[162] 曼纽尔·卡斯泰尔著, 崔保国译. 信息化城市[M]. 南京: 江苏人民出版社, 2001: 110.

[163] Neelankavil J P, Alaganar V T. Strategic Resource Commitment of High – tech Firms: An International Comparison [J]. Journal of Business Research, 2003, 56（6）: 493 – 502.

[164] 王郁蓉, 师萍. 创新环境研究综述[J]. 科学管理研究, 2014, 32（4）: 52 – 55.

[165] 李乃文, 李方正. 创新型科技人才集聚效应研究[J]. 徐州工程学院学报（社会科学版）, 2012, 27（2）: 26 – 31.

[166] Doloreux D. What We Should Know about Regional Systems of Innovation [J]. Technology in Society, 2002, 24（3）: 243 – 263.

[167] Isaken A. Regional Clusters between Local and Non – locan Relations [C]. A Comparative European Study, 2001（6）: 10 – 14.

[168] Michael E P. Clusters and New Economics of Competition [J]. Harvard Business Review, 1998, 76（6）: 77 – 90.

[169] Porter M E. Location, Competition, and Economic Development: Local Clusters in a Global Economy [J]. Economic Development Quarterly, 2000, 14（1）: 15 – 34.

[170] 陈莞, 谢富纪. 开放式自主创新与其支撑体系互动机制研究[J]. 科学学与科学技术管理, 2007, 28（3）: 56 – 61.

[171] 赵付民, 邹珊刚. 区域创新环境及对区域创新绩效的影响分析[J]. 统计与决策, 2005（7）: 17 – 18.

[172] 赵党国. 创新环境对区域企业创新活动影响的理论与实证研究[J]. 中国石油大学学报: 社会科学版, 2012, 28（3）: 19 – 23.

[173] Nonanka I. A Dynamic Theory of Organizational Knowledge Creation [J]. Organization Science, 1994, 5 (1): 14-37.

[174] 王郁蓉, 师萍. 优化高新技术企业创新环境的对策分析[J]. 企业家信息, 2013 (10): 107-108.

[175] Ciccone A, Hall R E. Productivity and the Density of Economic Activity [J]. American Economic Review, 1996, 86 (5): 54-70.

[176] Hippel E V. The Sources of Innovation [M]. New York: Oxford University Press, 1988: 27-31.

[177] Lu F, Feng k. The Policy Choice to Develop Our State's Automobile Industry with Independent Intellectual Property Rights [M]. Beijing: Peking University Press, 2005: 61-73.

[178] Oing M, Keun L. Knowledge Diffusion, Market Segmentation and Technological Catch-up: The Case of the Telecommunication Industry in China [J]. Research Policy, 2005, 34 (6): 759-783.

[179] 马冬冬. EQ 高技术公司研发员工激励研究 [D]. 南京: 南京师范大学, 2013.

附　录

附表1：各地区R&D人员全时当量及年末人口数（2004—2015年）

	2004年 R&D人员全时当量（人年）	2004年 各地区人口数（万人）	2005年 R&D人员全时当量（人年）	2005年 各地区人口数（万人）
北京	7509	1493	8591	1538
天津	2504	1024	3464	1043
河北	2744	6809	3469	6851
山西	203	3335	302	3355
内蒙古	38	2393	108	2403
辽宁	4941	4217	6089	4221
吉林	695	2709	630	2716
黑龙江	2679	3817	5500	3820
上海	5947	1835	7045	1890
江苏	11696	7523	18901	7588
浙江	8451	4925	11571	4991
安徽	611	6228	1404	6120
福建	3835	3529	5277	3557
江西	4535	4284	5441	4311
山东	4978	9180	5836	9248
河南	3745	9717	3826	9380
湖北	4987	5698	8461	5710
湖南	1557	6698	3611	6326
广东	28282	9111	47488	9194
广西	375	4889	870	4660
海南	6	818	33	828
重庆	1565	2793	2094	2798
四川	7735	8090	9401	8212
贵州	789	3904	2451	3730
云南	416	4415	246	4450
陕西	9058	3681	9686	3690
甘肃	386	2541	848	2545
青海	17	539	12	543
宁夏	547	588	480	588
新疆	19	1963	25	2010

（续附表1）

	2006年 R&D人员全时 当量（人年）	2006年 各地区人口数 （万人）	2007年 R&D人员全时 当量（人年）	2007年 各地区人口数 （万人）
北京	6467	1601	8421	1676
天津	3124	1075	4433	1115
河北	3296	6898	2815	6943
山西	3296	3375	2815	3393
内蒙古	202	2415	176	2429
辽宁	6601	4271	7276	2429
吉林	764	2723	700	2730
黑龙江	4160	3823	4143	3824
上海	10006	1964	11411	2064
江苏	17924	7656	23966	7723
浙江	17517	5072	16222	5155
安徽	1464	6110	2410	6118
福建	5473	3585	8226	3612
江西	5655	4339	6336	4368
山东	7717	9309	9850	9367
河南	4258	9392	4670	9360
湖北	6986	5693	7706	5699
湖南	1924	6342	1753	6355
广东	55555	9442	92877	9660
广西	734	4719	1189	4768
海南	32	836	12	845
重庆	2473	2808	2963	2816
四川	8989	8169	13555	8127
贵州	2650	3690	2269	3632
云南	313	4483	476	4514
陕西	13560	3699	13324	3708
甘肃	307	2547	269	2548
青海	12	548	7	552
宁夏	455	604	454	610
新疆	15	2050	15	2095

(续附表1)

	2008年 R&D人员全时当量（人年）	2008年 各地区人口数（万人）	2009年 R&D人员全时当量（人年）	2009年 各地区人口数（万人）
北京	8040	1771	13458	1860
天津	5676	1176	6401	1228
河北	3008	6989	6337	7034
山西	234	6989	1817	3427
内蒙古	253	2444	255	2458
辽宁	7172	4315	6279	4341
吉林	945	2734	2614	2740
黑龙江	4354	3825	6225	3826
上海	10814	2141	21453	2210
江苏	29373	7762	59676	7810
浙江	19736	5212	31245	5276
安徽	3873	6135	4566	6131
福建	10716	3639	14114	3666
江西	3361	4400	6422	4432
山东	13449	9417	17681	9470
河南	4651	9429	9385	9487
湖北	7678	5711	11007	5720
湖南	2846	6380	4850	6406
广东	114772	9893	127449	10130
广西	832	4816	1219	4856
海南	167	854	675	864
重庆	3614	2839	3818	2859
四川	14561	8138	15416	8185
贵州	2297	3596	2841	3537
云南	631	4543	902	4571
陕西	10046	3718	11143	3727
甘肃	1010	2551	872	2555
青海	14	554	156	557
宁夏	950	618	540	625
新疆	5	2131	66	2159

(续附表 1)

	2010 年 R&D 人员全时当量（人年）	2010 年 各地区人口数（万人）	2011 年 R&D 人员全时当量（人年）	2011 各地区人口数（万人）
北京	8440	1962	18049	2019
天津	6750	1299	10521	1355
河北	6632	7194	6633	7241
山西	1098	3574	1648	3593
内蒙古	227	2472	274	2482
辽宁	4047	4375	7066	4383
吉林	1644	2747	3525	2749
黑龙江	4924	3833	6341	3834
上海	19278	2303	19051	2347
江苏	64496	7869	79683	7899
浙江	24485	5447	41738	5463
安徽	6693	5957	8394	5968
福建	14034	3693	22707	3720
江西	5418	4462	7725	4488
山东	15618	9588	29244	9637
河南	7262	9405	9827	9388
湖北	10461	5728	18127	5758
湖南	4964	6570	6050	6596
广东	156235	10441	179117	10505
广西	1115	4610	2298	4645
海南	392	869	632	877
重庆	4000	2885	4469	2919
四川	11640	8045	6508	8050
贵州	4932	3479	4130	3469
云南	1002	4602	1933	4631
陕西	12006	3735	13628	3743
甘肃	727	2560	870	2564
青海	22	563	36	568
宁夏	408	633	446	639
新疆	114	2185	490	2209

(续附表1)

	2012年 R&D人员全时当量（人年）	2012年 各地区人口数（万人）	2013年 R&D人员全时当量（人年）	2013年 各地区人口数（万人）
北京	20408	2069	23707	2115
天津	11622	1413	13242	1472
河北	7638	7288	8960	7333
山西	2981	3611	3076	3630
内蒙古	575	2490	625	2498
辽宁	10298	4389	9717	4390
吉林	4422	2750	3706	2751
黑龙江	5874	3834	7216	3835
上海	22606	2380	26865	2415
江苏	89303	7920	100729	7939
浙江	49022	5477	55109	5498
安徽	9973	5988	11100	6030
福建	26786	3748	29186	3774
江西	8219	4504	9553	4522
山东	37499	9685	46887	9733
河南	11117	9406	15947	9413
湖北	22073	5779	24479	5799
湖南	8333	6639	9211	6691
广东	224334	10594	208174	10644
广西	2310	4682	1989	4719
海南	1081	887	1617	895
重庆	4818	2945	5392	2970
四川	13638	8076	19814	8107
贵州	6944	3484	9100	3502
云南	2409	4659	1885	4687
陕西	17367	3753	21120	3764
甘肃	1019	2578	1035	2582
青海	86	573	199	578
宁夏	405	647	473	654
新疆	66	2233	103	2264

(续附表1)

	2014年 R&D人员全时当量（人年）	2014年 各地区人口数（万人）	2015年 R&D人员全时当量（人年）	2015年 各地区人口数（万人）
北京	23741	2152	22344	2171
天津	16062	1517	24660	1547
河北	10956	7384	13694	7425
山西	2322	3648	2237	3664
内蒙古	630	2505	1110	2511
辽宁	10836	4391	10095	4382
吉林	3463	2752	3037	2753
黑龙江	7128	3833	7469	3812
上海	24649	2426	27371	2415
江苏	106001	7960	108805	7976
浙江	62744	5508	69707	5539
安徽	13151	6083	15926	6144
福建	33141	3806	26466	3839
江西	8760	4542	10094	4566
山东	49122	9789	50774	9847
河南	18284	9436	20525	9480
湖北	25642	5816	23673	5852
湖南	14501	6737	22321	6783
广东	205106	10724	203117	10849
广西	2157	4754	2242	4796
海南	1579	903	1499	911
重庆	5874	2991	9706	3017
四川	18509	8140	18759	8204
贵州	9052	3508	6372	3530
云南	1798	4714	2321	4742
陕西	24057	3775	20250	3793
甘肃	1268	2591	1118	2600
青海	115	583	82	588
宁夏	638	662	805	668
新疆	140	2298	395	2360

附表2：东部地区专利申请数（2004—2015年）

	2004 年	2005 年	2006 年
	专利申请数（件）	专利申请数（件）	专利申请数（件）
北京	679	777	944
天津	295	393	541
河北	82	118	160
辽宁	306	445	284
上海	1804	1445	1719
江苏	711	1000	808
浙江	556	838	1317
福建	204	233	187
山东	789	991	1102
广东	3955	8268	14883
海南	4	4	4
	2007 年	2008 年	2009 年
	专利申请数（件）	专利申请数（件）	专利申请数（件）
北京	1418	2856	2958
天津	563	1217	2464
河北	164	265	481
辽宁	246	452	1331
上海	1931	1639	4130
江苏	1634	2776	7210
浙江	1997	2467	6301
福建	311	604	2302
山东	1491	2058	3371
广东	20996	21185	30864
海南	15	8	153

(续附表2)

	2010年	2011年	2012年
	专利申请数（件）	专利申请数（件）	专利申请数（件）
北京	2804	6225	9972
天津	1889	2764	3441
河北	349	521	627
辽宁	650	1354	1772
上海	3453	5031	6174
江苏	7528	15285	16999
浙江	3358	7243	10237
福建	1865	2410	3444
山东	3087	5611	6970
广东	26740	39338	45449
海南	54	2012	329
	2013年	2014年	2015年
	专利申请数（件）	专利申请数（件）	专利申请数（件）
北京	8308	8906	7837
天津	3678	3670	3131
河北	883	1228	1172
辽宁	2267	2429	2383
上海	7088	8170	7229
江苏	19439	25884	23157
浙江	12586	12163	12938
福建	3901	4518	4673
山东	8106	9775	11527
广东	49691	58119	50629
海南	363	390	264

附表3：中部地区专利申请数（2004—2015年）

	2004年	2005年	2006年
	专利申请数（件）	专利申请数（件）	专利申请数（件）
山西	17	18	55
吉林	193	126	84
黑龙江	90	114	123
安徽	11	43	36
江西	76	202	138
河南	193	141	278
湖北	103	409	359
湖南	51	77	65
	2007年	2008年	2009年
	专利申请数（件）	专利申请数（件）	专利申请数（件）
山西	65	70	127
吉林	133	147	391
黑龙江	120	185	354
安徽	72	185	906
江西	158	151	434
河南	395	581	1288
湖北	382	444	1326
湖南	117	270	1008

（续附表3）

	2010年	2011年	2012年
	专利申请数（件）	专利申请数（件）	专利申请数（件）
山西	100	234	376
吉林	113	355	542
黑龙江	270	592	736
安徽	938	2289	3182
江西	349	561	865
河南	997	1610	1812
湖北	886	1800	2626
湖南	767	2073	2306

	2013年	2014年	2015年
	专利申请数（件）	专利申请数（件）	专利申请数（件）
山西	452	294	233
吉林	708	605	360
黑龙江	836	1206	1048
安徽	3784	4994	5722
江西	1546	2148	2418
河南	1967	2075	2174
湖北	3351	3455	4232
湖南	2679	3318	3614

附表 4：西部地区专利申请数（2004—2015 年）

	2004 年	2005 年	2006 年
	专利申请数（件）	专利申请数（件）	专利申请数（件）
内蒙古	3	13	1
广西	73	87	50
重庆	50	80	156
四川	328	261	383
贵州	77	98	200
云南	158	167	57
陕西	185	395	286
甘肃	14	48	31
青海	1	1	35
宁夏	13	20	9
新疆	5	15	6
	2007 年	2008 年	2009 年
	专利申请数（件）	专利申请数（件）	专利申请数（件）
内蒙古	1	1	78
广西	75	88	180
重庆	158	222	549
四川	863	854	1301
贵州	310	298	524
云南	245	79	250
陕西	528	473	834
甘肃	16	38	87
青海	33	1	21
宁夏	1	29	43
新疆	10	14	53

（续附表4）

	2010年	2011年	2012年
	专利申请数（件）	专利申请数（件）	专利申请数（件）
内蒙古	12	54	39
广西	92	262	339
重庆	420	959	1153
四川	1452	1965	5054
贵州	520	637	966
云南	110	271	409
陕西	732	1312	1606
甘肃	114	139	249
青海	1	1	3
宁夏	18	115	125
新疆	15	28	4
	2013年	2014年	2015年
	专利申请数（件）	专利申请数（件）	专利申请数（件）
内蒙古	58	62	125
广西	457	420	435
重庆	1641	1649	2467
四川	5029	6885	6739
贵州	1119	1454	1122
云南	359	390	337
陕西	2296	2077	2056
甘肃	220	293	202
青海	16	8	16
宁夏	208	69	64
新疆	56	52	157

附表5：东部地区R&D经费内部支出（2004—2015年）

	2004年	2005年	2006年
	R&D经费内部支出（万元）	R&D经费内部支出（万元）	R&D经费内部支出（万元）
北京	255335	207216	346013
天津	82917	90124	132264
河北	28905	34702	36463
辽宁	78979	78649	72764
上海	291844	341939	404956
江苏	242113	381402	517115
浙江	233411	328463	373825
福建	78544	139019	143687
山东	176439	267923	299790
广东	922333	126078	1565556
海南	353	560	377
	2007年	2008年	2009年
	R&D经费内部支出（万元）	R&D经费内部支出（万元）	R&D经费内部支出（万元）
北京	289889	299445	454719
天津	153556	227134	189530
河北	44362	46779	77716
辽宁	120515	175667	222594
上海	472085	485621	633021
江苏	733616	954698	1275731
浙江	389497	434206	621601
福建	165074	172608	305701
山东	440205	526931	600638
广东	1801062	2275140	2975035
海南	311	2282	13850

（续附表5）

	2010 年 R&D 经费内部 支出（万元）	2011 年 R&D 经费内部 支出（万元）	2012 年 R&D 经费内部 支出（万元）
北京	368388	741991	922229
天津	220547	321478	392072
河北	90836	118244	154272
辽宁	258646	576975	471169
上海	673565	717383	907644
江苏	1351327	2107404	2575680
浙江	524402	869939	1155257
福建	373649	527962	577771
山东	612385	989971	1345637
广东	3630850	4809951	5760005
海南	9668	15351	26455
	2013 年 R&D 经费内部 支出（万元）	2014 年 R&D 经费内部 支出（万元）	2015 年 R&D 经费内部 支出（万元）
北京	1065430	1107598	1202250
天津	451315	509798	824042
河北	216687	297671	387330
辽宁	533576	533110	391401
上海	1061501	1274063	1282252
江苏	2798080	3084252	3431437
浙江	1304677	1537770	1853268
福建	705357	804196	936256
山东	1562172	1760079	2076753
广东	6612820	7256155	8271917
海南	39039	41538	45689

附表6：中部地区R&D经费内部支出（2004—2015年）

	2004年	2005年	2006年
	R&D经费内部支出（万元）	R&D经费内部支出（万元）	R&D经费内部支出（万元）
山西	1316	2949	3580
吉林	14958	13897	17839
黑龙江	20761	55664	41942
安徽	7011	18711	18781
江西	36004	43024	51003
河南	41268	29571	34930
湖北	50686	63366	86372
湖南	29199	20253	9413
	2007年	2008年	2009年
	R&D经费内部支出（万元）	R&D经费内部支出（万元）	R&D经费内部支出（万元）
山西	1843	4837	18882
吉林	11421	15378	35677
黑龙江	56480	70422	137497
安徽	28636	49142	65741
江西	51392	54285	111392
河南	57534	67109	121773
湖北	94160	109777	229747
湖南	23487	50723	137948

(续附表6)

	2010年	2011年	2012年
	R&D经费内部支出（万元）	R&D经费内部支出（万元）	R&D经费内部支出（万元）
山西	13882	27341	52044
吉林	19327	63664	72789
黑龙江	158880	172954	180450
安徽	122141	208645	223916
江西	104371	164477	165122
河南	98992	136405	160620
湖北	198633	475139	618955
湖南	95857	203829	231106
	2013年	2014年	2015年
	R&D经费内部支出（万元）	R&D经费内部支出（万元）	R&D经费内部支出（万元）
山西	58480	47826	42822
吉林	72387	92244	93606
黑龙江	210882	228277	201936
安徽	301380	374669	512012
江西	214956	281410	312507
河南	249531	321730	439103
湖北	732174	816041	941196
湖南	433737	465758	640477

附表7：西部地区R&D经费内部支出（2004—2015年）

	2004年	2005年	2006年
	R&D经费内部支出（万元）	R&D经费内部支出（万元）	R&D经费内部支出（万元）
内蒙古	430	2393	1334
广西	4380	4889	10897
重庆	19565	2793	23928
四川	104390	8090	166342
贵州	16565	3904	35262
云南	3819	4415	5021
陕西	170471	3681	160423
甘肃	1638	2541	1195
青海	50	539	38
宁夏	7576	588	3298
新疆	202	380	234
	2007年	2008年	2009年
	R&D经费内部支出（万元）	R&D经费内部支出（万元）	R&D经费内部支出（万元）
内蒙古	2280	4107	4685
广西	13908	11937	22056
重庆	34864	37837	53560
四川	259897	253730	281434
贵州	31381	23925	61160
云南	6638	10273	13685
陕西	160777	169291	221235
甘肃	3323	10021	12117
青海	710	167	2262
宁夏	4344	8399	5608
新疆	234	88	2280

(续附表7)

	2010年 R&D经费内部支出（万元）	2011年 R&D经费内部支出（万元）	2012年 R&D经费内部支出（万元）
内蒙古	3672	7415	10760
广西	15746	65191	60799
重庆	64451	71776	104240
四川	247534	370287	382941
贵州	98334	83002	134342
云南	17283	42298	55006
陕西	261870	469512	553120
甘肃	30314	23901	29271
青海	722	361	1486
宁夏	7680	9056	10524
新疆	3701	16607	2210
	2013年 R&D经费内部支出（万元）	2014年 R&D经费内部支出（万元）	2015年 R&D经费内部支出（万元）
内蒙古	15532	18470	60445
广西	63038	72384	77969
重庆	166156	184783	324767
四川	618378	645716	819832
贵州	155535	173964	168616
云南	61105	75157	80008
陕西	583150	674406	768874
甘肃	30488	40671	33191
青海	6093	1666	4143
宁夏	14822	14927	28610
新疆	3448	4692	12416

附表8：东部地区新产品销售收入（2004—2015年）

	2004年	2005年	2006年
	新产品销售收入（万元）	新产品销售收入（万元）	新产品销售收入（万元）
北京	4795049	3777312	4223016
天津	9157722	8959529	9760781
河北	217350	233586	290936
辽宁	1448569	1344617	1159814
上海	8172256	12571834	15367664
江苏	5283239	5294970	7442173
浙江	2408584	2779731	4074322
福建	4742034	6120112	6522776
山东	4155318	3971258	4763455
广东	15358471	17159425	20888084
海南	10144	150	186
	2007年	2008年	2009年
	新产品销售收入（万元）	新产品销售收入（万元）	新产品销售收入（万元）
北京	15237869	13643433	14835434
天津	8991285	8394125	7787917
河北	367339	506422	580603
辽宁	1807739	2815817	1619901
上海	14089811	16063236	12291903
江苏	13352632	24417654	24077093
浙江	4726081	5041521	6754966
福建	7105192	7986028	6400470
山东	7129663	8389480	9848807
广东	19753304	29913827	35731530
海南	501	3934	60867

(续附表8)

	2010年	2011年	2012年
	新产品销售收入（万元）	新产品销售收入（万元）	新产品销售收入（万元）
北京	13607777	14895753	13152739
天津	8481937	7950951	11564670
河北	701062	813807	1537199
辽宁	2185478	3583401	3496976
上海	11761955	9957527	8484068
江苏	25619005	48961827	58689818
浙江	6956994	11409257	13574710
福建	8074863	11015207	12106266
山东	11133363	15364345	17621221
广东	60464340	73603509	85195533
海南	15401	67690	102459
	2013年	2014年	2015年
	新产品销售收入（万元）	新产品销售收入（万元）	新产品销售收入（万元）
北京	15844619	18651122	15978092
天津	18228710	18791769	17467974
河北	1994115	2710642	3410594
辽宁	3852562	3605210	3712202
上海	7950113	9462702	10354216
江苏	61542994	69988157	78437606
浙江	18187699	20680473	27125363
福建	12232979	11773669	12453956
山东	18191965	19399769	26901847
广东	97687742	108574709	123288580
海南	143249	125474	125759

附表9：中部地区新产品销售收入（2004—2015年）

	2004年	2005年	2006年
	新产品销售收入（万元）	新产品销售收入（万元）	新产品销售收入（万元）
山西	53245	74075	133592
吉林	125448	97961	159097
黑龙江	104379	940483	172828
安徽	153345	348387	431276
江西	283581	356989	454584
河南	460880	460775	496144
湖北	280373	142090	635522
湖南	598792	204531	286501
	2007年	2008年	2009年
	新产品销售收入（万元）	新产品销售收入（万元）	新产品销售收入（万元）
山西	353113	226637	206692
吉林	215120	230952	584976
黑龙江	312176	356216	306470
安徽	448942	370113	895473
江西	495388	550708	836821
河南	663011	761915	1348458
湖北	1048371	1160280	2400591
湖南	253920	527086	1411305

（续附表9）

	2010年	2011年	2012年
	新产品销售收入（万元）	新产品销售收入（万元）	新产品销售收入（万元）
山西	478459	294792	461825
吉林	317110	732061	993409
黑龙江	292694	462673	576704
安徽	841827	2586786	3898078
江西	1175791	1434234	2030687
河南	1323861	1363879	1373208
湖北	2781652	3220194	4753622
湖南	1486141	3146183	3694690
	2013年	2014年	2015年
	新产品销售收入（万元）	新产品销售收入（万元）	新产品销售收入（万元）
山西	473710	616688	669986
吉林	1336505	1298133	1283218
黑龙江	655479	777346	761124
安徽	4199537	5423312	8707151
江西	2783578	11773669	4240226
河南	19808745	23641877	28945135
湖北	5563646	6701273	8158763
湖南	7616784	8717350	11517073

附表10：西部地区新产品销售收入（2004—2015年）

	2004年	2005年	2006年
	新产品销售收入（万元）	新产品销售收入（万元）	新产品销售收入（万元）
内蒙古	10575	17420	21142
广西	81799	91789	76716
重庆	262511	513508	556346
四川	1576375	2235391	2709768
贵州	163959	229843	272267
云南	61326	60538	59702
陕西	946155	1038495	1344100
甘肃	44571	38676	51258
青海	653	1300	996
宁夏	13681	44660	78760
新疆	19776	37200	54840
	2007年	2008年	2009年
	新产品销售收入（万元）	新产品销售收入（万元）	新产品销售收入（万元）
内蒙古	2300	1250	26846
广西	88064	121836	181695
重庆	566061	1033967	1574314
四川	3796076	3914630	5516352
贵州	326937	297622	388102
云南	169058	175427	285099
陕西	1550759	1654468	1127748
甘肃	50742	76647	92087
青海	320	320	516
宁夏	80345	142624	133812
新疆	50100	16889	19595

（续附表 10）

	2010 年	2011 年	2012 年
	新产品销售收入（万元）	新产品销售收入（万元）	新产品销售收入（万元）
内蒙古	85620	65230	104792
广西	199155	453743	596971
重庆	1469500	3834280	2008123
四川	1385860	5915429	5895644
贵州	581453	600096	763092
云南	261031	398973	369872
陕西	1586068	2118593	2213523
甘肃	170318	206422	305916
青海	215	3298	3896
宁夏	178064	161546	117828
新疆	30638	94443	2253

	2013 年	2014 年	2015 年
	新产品销售收入（万元）	新产品销售收入（万元）	新产品销售收入（万元）
内蒙古	181415	143589	424529
广西	906869	821633	817294
重庆	1522376	4584535	13105042
四川	7309076	9962586	9945653
贵州	882589	1061797	999612
云南	524205	559468	487188
陕西	2183206	3028595	3556246
甘肃	295040	416450	496232
青海	10065	11262	55221
宁夏	140505	179031	454659
新疆	22573	18901	254031